Das Buch

In seinem Überblick skizziert der Ex-Militär Jürgen Heiducoff die Militärpolitik der Volksrepublik China. Aus eigenem Erleben, aus Dokumenten und Kommentaren hat er Informationen zu einem Thema zusammengetragen, das in den hiesigen Medien allenfalls als propagandistisches Zerrbild erscheint. Er korrigiert Irrtümer und widerspricht zweckdienlichen Lügen. Der ehemalige Militärdiplomat Heiducoff macht auf verständliche Weise deutlich: Die Volksbefreiungsarmee ist von einer Massen- und Landarmee auf dem Weg zu einer Hightech-Armee, die nur einen Auftrag hat – auch in militärischer Hinsicht das Land unangreifbar zu machen.

Der Autor

Jürgen Heiducoff, geboren 1952, Oberstleutnant a. D., war bei den Luftstreitkräften/Luftverteidigung der NVA, studierte drei Jahre an der Akademie für Luftstreitkräfte in Monino bei Moskau, arbeitete nach dem Besuch von Lehrgängen an der Führungsakademie der Bundeswehr als Rüstungskontrollstabsoffizier im Zentrum für Verifikationsaufgaben der Bundeswehr (ZVBw), dort Leiter des Dezernats »Nukleare und globale Rüstungskontrolle«. 1995 war er im Auftrag der OSZE Militärbeobachter im Tschetschenien-Krieg und 2004/05 im Stab der Multinationalen Brigade (ISAF) in Afghanistan. Bei seinem zweiten Einsatz in Kabul von 2006 bis 2008 war er militärpolitischer Berater an der BRD-Botschaft.

Jürgen Heiducoff

Die neue Militärmacht

Welche Pläne verfolgt Peking?

Das Neue Berlin

Inhalt

Prolog 7

Zunächst ein Blick zurück: Afghanistan 19

Meine Beziehung zu China 39

Die Philosophie der Verteidigung 61

Militär im Museum 75

Krieg in Korea, Krieg in Indochina und Rück-
eroberungsillusionen auf Taiwan 87

Anspruch und Wirklichkeit 99

Im Kampf für die nationale Integrität 107

Die Militär-Reform 123

Die Sicherheitsdoktrin 133

Soldaten und Spione 147

Quo vadis? 159

»Herausforderung für die Sicherheit« 181

Prolog

Was der Plastikmüll für die Weltmeere ist der Weltraumschrott für den Weltraum. Und manche Teile sind so groß, dass sie beim Absturz auf die Erde nicht verglühen und mehr als nur eine Kuh erschlagen können, wie im Juli 1979 in Australien geschehen, als das US-Raumlabor »Skylab« abschmierte. Im Jahr zuvor war »Kosmos 954« über Kanada zerborsten und hatte sich über 120 000 Quadratkilometer verteilt. Die Trümmer strahlten radioaktiv, denn der Atomreaktor, der vorm geplanten Absturz über dem Pazifik hätte abgestoßen werden sollen, war noch an Bord. Die Sowjetunion zahlte Schadensersatz.

Anfang 2022 vermeldeten die Agenturen, dass ein australisches Unternehmen, spezialisiert auf die Kontrolle des erdnahen Raumes, eine ungewöhnliche Beobachtung gemacht habe. Das globale Netzwerk von 350 Teleskopen hatte festgestellt, dass ein chinesischer Satellit – alt und ausgedient – von einem anderen chinesischen Satelliten auf eine mehrere hundert Kilometer höhere Umlaufbahn gebracht worden war. Abgeschleppt in den Friedhofsorbit, wo er keinem anderen Satelliten in die Quere kommen kann. Man rätselte im Westen, wie das technisch überhaupt möglich gewesen ist, denn der inaktive Navigationssatellit besaß weder eine Andockvorrichtung noch Abschlepphaken und dergleichen, mit der »Shijian 21« ihn tiefer ins All hätte ziehen können. Da aber das erstaunliche Manöver justament in dem Moment erfolgt war, als man in Australien keinen Sichtkontakt hatte, rätselt und spekuliert man noch immer. Einig ist man sich, dass es sich um eine spektakuläre, epochemachende Aktion gehandelt hatte, die – wie etwa die Landung einer chinesischen Sonde auf der Rückseite des Mondes 2019 – eine wissenschaftlich-technische Sensation darstellte.

Allerdings, so gab man denn gleich mehr als einen Tropfen Wermut in den globalen Freudenbecher über diesen technischen Fortschritt: Was führen die Chinesen damit im Schilde?

Weil sie nämlich das Manöver nicht weltweit angekündigt hatten und damit ein wenig bescheidener handelten als andere Nationen, orakelte man sogleich: »Wenn es China allein darum ginge, den Erdorbit von Weltraumschrott zu befreien, gäbe es keinen Grund, das geheim zu halten.« (*Neue Zürcher Zeitung* vom 22. März 2022) Womit also grundsätzlich Zweifel am friedlichen Charakter der Mission geweckt worden war. Denn wenn die Chinesen ausgediente eigene Satelliten abschleppten, sei das auch mit aktiven fremden, eventuell gegnerischen möglich. (Ein Szenario also wie im Film »Man lebt nur zweimal« aus dem Jahr 1967: Ein sowjetisches und ein amerikanisches Raumschiff werden von einem unbekannten Flugobjekt entführt, die Großmächte beschuldigen sich

Auf dem chinesischen Startplatz in der Wüste Gobi. In einer Träger-
rakete »Langer Marsch 4 B« wird ein Teleskop (HXMT) eingesetzt, das
ins Weltall befördert werden soll. Die Volksrepublik China ist aktuell
bei der Erforschung des Weltraums außerordentlich aktiv und innovativ – weil sie es sich ökonomisch leisten kann und es für die Mensch-
heit und deren Zukunft leisten will und leisten muss.

gegenseitig und drohen mit Krieg. James Bond, der Ge-
heimagent Ihrer Majestät, verhindert jedoch den atomaren Weltkrieg, indem er den Übeltäter auf Japan ausfindig
macht ...)

55 Jahre nach jenem Märchenfilm, also einer Fiktion,
wird die nunmehrige Realität in analoger Weise inter-
pretiert: Das Abschleppen könne man durchaus als Maß-
nahme zur Aufrüstung im All verstehen, also als einen
weiteren Schritt Chinas auf dem Weg zur modernsten
Armee der Welt. Auf dem 19. Parteitag 2017 hatte Staats-

und Parteichef Xi Jinping schließlich erklärt, dass bis 2035 eine »grundlegende Modernisierung« der Volksarmee erfolgen solle, und bis 2049 werde China über die führende, also die modernste Armee der Welt verfügen. »Davon kann man ableiten, dass China bis 2049 die größte Militärmacht der Welt werden will.« (*Deutschlandfunk* am 25. April 2021)

Diese zweckdienliche Interpretation erfolgte lange bevor Russland in die Ukraine einfiel und die EU Peking aufforderte, wegen der russischen Invasion mit Moskau zu brechen und sich selbst in die Kriegsfront des Westens einzureihen.

Die chinesische Führung reagierte auf ein solches Ansinnen diplomatisch und wie gewohnt mit Bedacht. Sie ließ sich weder vor den militärischen Karren der NATO und deren Führungsmacht spannen noch in die geostrategischen Ambitionen Russlands einbinden. Peking sprach auch von »Krieg« und nicht wie Moskau verschleiernd von »Spezialoperation«. Denn im sozialistischen China bestand Klarheit in mindestens zwei grundsätzlichen Fragen:

Erstens handelte es sich bei dem Krieg in der Ukraine um eine geopolitische Auseinandersetzung zweier Staaten bzw. Staatenbündnisse, die um die Vorherrschaft in einer Region kämpfen. Jeder militärische Konflikt stand und steht den chinesischen Interessen an einer globalen Friedensordnung diametral entgegen, China zieht traditionell die Harmonie einer Hegemonie vor. Ein einzigartiges Infrastrukturprojekt wie etwa die Neue Seidenstraße (*Belt and Road Initiative,* BRI), deren Initiator und Motor die Volksrepublik ist, kann nur in Frieden verwirklicht werden. Außerdem widerspricht eine wie immer geartete Intervention dem chinesischen Grundsatz, der in allen in diesem Zusammenhang geschlossenen bi- und multilateralen Verträgen steht: keine Einmischung in die inneren Angelegenheiten eines anderen Staates. Das schließt auch die Unterstützung von Sezessionsbestrebungen aus. Für die Volksrepublik hat die territoriale Integrität eines Staates oberste Priorität. Deshalb verurteilt Peking alle Versuche, beispielsweise Taiwan – das zu China gehört (ein Land, zwei Systeme) – aus dem Staatsverband zu lösen. Daher kann China auch die Abtrennung von Territorien etwa der Ukraine oder Serbiens nicht gutheißen. Separatismus, der auf die Abspaltung oder den Anschluss zielt, wird entschieden abgelehnt.

Und zweitens verfolgt der Westen, insbesondere aber die USA, seit Jahren einen aggressiven Kurs gegenüber China. Und dieser ist ein wesentliches Element im Kampf um die Neuordnung der Welt nach dem Ende der Sowjetunion und des europäischen Sozialismus. An die Stelle der seit 1945 und bis 1990 bestehenden Bipolarität soll eine neue treten. Diesen Zusammenhang benennt die Volksrepublik etwa in der Ende 2021 verabschiedeten »Historischen Resolution«: »Der äußere Druck ist so groß wie noch nie, konventionelle und nicht-konventionelle Sicherheitsbedrohungen sind miteinander verflochten.« Man müsse mit »Black-Swan-Ereignissen« rechnen. Das ist eine Metapher für unerwartete und unwahrscheinliche künftige Ereignisse mit erheblichen Auswirkungen, auf die man sich in der Sicherheitspolitik vorbereiten müsse. Weniger metaphorisch heißt dies, nach dem in der europäischen Kultur geborenen Grundsatz zu handeln: *Si vis pacem para bellum.* Wenn du Frieden willst, rüste zum Krieg.

Das soll der römische Militärschriftsteller Vegetius geschrieben haben. Der lebte ungefähr zur selben Zeit wie der chinesische Militärtheoretiker Sunzi – etwa fünfhundert Jahre vor Beginn der Zeitrechnung.

Worin zeigt sich der gewachsene Druck?

Die Biden-Regierung hat die jahrzehntelange Konfrontation Washingtons an allen Fronten forciert – diplomatisch, wirtschaftlich und auch militärisch. Als China im November 2013 seine Luftabwehrzone ausrief, weigerte sich die Obama-Regierung, diese zu akzeptieren und ließ demonstrativ und ohne Ankündigung B-52-Bomber darüber fliegen. Biden war Vizepräsident unter Obama, als dieser den »Pivot to Asia« vollzog. Mit der Konzentration auf den indopazifischen Raum wollten die USA dem wirtschaftlichen Aufstieg Chinas erfolgreich begegnen. Nicht Russland, nicht die EU und der atlantische Raum waren die künftig wichtigsten Konkurrenten, sondern die Volksrepublik China ist es. Washington sah (und sieht) durch Peking seine globale Hegemonie am stärksten gefährdet. Wie sich in der Rückschau zeigt, provozierte die Verlagerung der geostrategischen Interessen der US-Außenpolitik viele Reaktionen in der betreffenden Region, insbesondere in China. Der Strategiewechsel der USA 2012 führte zwangsläufig auch zu einem Strategiewechsel in der Sicherheits- und Verteidigungspolitik der Volksrepublik. So wurde die Landesverteidigungsarmee umgebaut in eine Streitkraft mit einer starken Marine. Unmittelbar nach der Verkündung des »Pivot to Asia« begann der Aufbau einer chinesischen Navy. Und mit der Entwicklung der Seestreitkräfte erfolgte auch der Ausbau der dem Festland vorgelagerten Inseln zu Stützpunkten. Es wurde die chinesische Verteidigungslinie faktisch vorverlegt. Die Veränderung der chinesischen Verteidigungsstrategie ging einher mit der Veränderung der Verteidigungsphilosophie.

Nicht nur China, sondern auch die EU erkannte, dass die Abhängigkeit vom amerikanischen Navigationssystem GPS gefährlich ist, und brachte 2003 ein eigenes Projekt auf den Weg. An diesem war neben Israel, Schweiz, Südkorea und weiteren Staaten auch China beteiligt, das 280 Millionen Euro beisteuerte. Auf Drängen der USA – die gar nicht an »Galileo« beteiligt waren – wurde China aus dem Vorhaben herausgedrängt. Daraufhin entwickelte es sein eigenes satellitengestütztes Navigationssystem »Beidou«. Auf dem Foto ist einer aus der inzwischen auf einige Dutzend Kommunikationssatelliten angewachsenen »Beidou-Flotte« zu sehen.

Präsident Joe Biden machte weiter, wo Trump nicht aufgehört hatte: Er verschärfte den Handelskrieg und provozierte militärisch in den Gewässern vorm chinesischen Festland. Nicht nur pensionierte US-Militärs wie Oberstleutnant Daniel Davies warnten vor der militärischen Eskalation. Gegenüber dem britischen *Guardian* gab der Veteran der US Army seiner Sorge am 4. Oktober 2021 vernehmlich Ausdruck, dass sich die USA aktiv auf einen Krieg gegen China vorbereiteten und im Konflikt um Taiwan »in einen Atomkrieg stolpern« könnten. Wenn nämlich in einem konventionellen Krieg mit China den USA eine Niederlage drohe, so Davies, würden die USA nicht zögern, Nuklearwaffen gegen die Atommacht China einzusetzen.

Die Volksrepublik China ist sich der Strategie bewusst, die die USA mit dem Ukraine-Konflikt verfolgen. Russland soll wirtschaftlich und politisch erledigt werden. Und wenn dieses Ziel – auch mit Hilfe der EU – erreicht sein würde, könnte sich Washington ausschließlich auf China konzentrieren. Russland ist darum aus Sicht der chinesischen Militärstrategen so etwas wie die Große Mauer oder, wie es in der »Historischen Resolution« heißt, das Graue Nashorn (»Gray Rhino«): Fällt es, geht es nur noch gegen China.

Auf die unmittelbare militärische Herausforderung durch die USA und ihre Verbündeten reagierte China, was nur konsequent ist, mit der Stärkung seiner eigenen Verteidigungsfähigkeit: zu Wasser, zu Lande, in der Luft und was darüber liegt. Dabei setzt die Volksrepublik entschieden auf Hochtechnologie, womit man sich auf den drohenden Cyberkrieg vorbereitet. So ist die eingangs geschilderte Operation mit dem Satelliten durchaus in diesem Kontext zu sehen. Bekanntlich hatte in den siebziger Jahren das US-Verteidigungsministerium ein satellitengestütztes Navigationssystem entwickelt, dass seit den neunziger Jahren als *Globales Positionsbestimmungssystem* (GPS) genutzt wird – sowohl militärisch als auch zivil, wenngleich es dabei Unterschiede gibt: Bei der militärischen Ortung bewegt man sich im Zentimeterbereich – in der zivilen Nutzung müssen zehn Meter genügen. Aber nicht nur deshalb sah und sieht man das US-System in vielen Teilen der Welt kritisch. (Dass die Kontrolle aus dem All durch die USA durchaus gefährlich sein kann, erlebten beispielsweise chinesische Militärs, als bei einer Übung ihre Schiffe und Raketen im Wortsinne in die Irre geführt wurden.) Darum begann man 2003 in Europa unter der Bezeichnung »Galileo« ein eigenes, aber weltweit nutzbares Navigationssatellitensystem zu entwickeln. Neben der EU und der Europäischen Weltraumorganisation ESA beteiligten sich daran die Volksrepublik China, Indien, Israel und eine Reihe weiterer Staaten. Die USA sorgten jedoch dafür, dass die Chinesen – die ein Fünftel der erwarteten Kosten für das Netzwerk mit dreißig Satelliten übernommen hatten – zunehmend ausgegrenzt wurden. China beendete 2010 die sieben Jahre zuvor geschlossene Partnerschaft und entwickelte sein eigenes Satellitennavigationssystem »Beidou«. Seit April 2022 ist es weltweit zivil nutzbar – mit einer Genauigkeit von 4,40 Metern. Im Jahr 2021 waren in den 324 Millionen in China produzierten Smartphones die Module bereits eingebaut, die das Beidou-System unterstützen. Natürlich hat Beidou – Abkürzung BDS – auch eine militärische Funktion, weshalb es an dieser Stelle Erwähnung findet. Die Dutzenden geostationären und im Orbit kreisenden Raumflugkörper werden vom Satellitenkontrollzentrum Xi'an gesteuert, und das gehört zur *Strategischen Kampfunterstützungstruppe* der Volksbefreiungsarmee. Die Vermarktung der zivilen Dienste erfolgt über ein eigenes »Büro für die Verwaltung des chinesischen Satellitennavigationssystems« und ist strikt getrennt von dessen militärischen Aufgaben.

Auf der anderen Seite akzeptiert China aber auch die legitimen Sicherheitsinteressen anderer Staaten, etwa die Russlands. Die NATO-Osterweiterung wertete Peking deshalb ebenso als ein destabilisierendes Problem wie auch überzogene Sanktionen. Denn diese treffen am Ende alle. Ausgenommen die USA. Sanktionen dieser Dimension beeinflussen nicht nur die Weltwirtschaft, sondern untergraben die globale Ordnung insgesamt. Das machte Xi Jinping auch in einem zweistündigen Videotelefonat mit Joe Biden Mitte März 2022 deutlich. »So etwas wie die Ukraine-Krise wollen wir nicht sehen«, sagte Xi und appellierte an Biden. »Zwischenstaatliche Beziehungen dürfen nicht das Stadium militärischer Feindseligkeiten erreichen.« So zitierte am 18. März 2022 die *Tagesschau* den chinesischen Staats- und Parteichef. »Frieden und Sicherheit sind die wertvollsten Schätze der internationalen Gemeinschaft.« Xi habe Verhandlungen zur Beendigung des Krieges in der Ukraine gefordert, oberste Priorität müssten die Fortsetzung von Gesprächen und die Vermeidung einer humanitären Katastrophe haben. Der chinesische Präsident, so die *ARD-Tagesschau* weiter, habe sich dafür ausgesprochen, dass die NATO Gespräche mit Russland aufnehmen sollte, um die hinter dem Krieg liegenden Konflikte zu lösen.

»Wie bedrohlich die internationale Lage auch sein mag, wir werden unsere strategische Ausrichtung beibehalten und die Entwicklung einer umfassenden Partnerschaft zwischen China und Russland in der neuen Ära voranbringen«, zitierte das gleiche Medium Chinas Außenminister Wang Yi. Die Kooperation sei nicht nur von Nutzen für die Völker beider Länder, »sondern trägt auch zu Frieden, Stabilität und Entwicklung in der Welt bei«, so Wang.

US-Außenminister Antony Blinken hingegen drohte China, dass die Volksrepublik mit Strafmaßnahmen rechnen müsse, wenn sie Russland bei der Umgehung westlicher Sanktionen unterstützte. Womit er nur bestätigte, wie begründet Chinas Befürchtungen sind, dass die USA die ganze Welt zur Geisel nehmen und das globale Wirtschaftssystem als Waffe zur Durchsetzung ihrer Interessen nutzen wollen.

Xi Jinping, so gab ihn das *Handelsblatt* am 1. April 2022 wieder, habe stattdessen auf der Videokonferenz mit Brüssel den EU-Staaten vorgeschlagen, »sich ein eigenes Bild von China zu machen, eine unabhängige Chinapolitik zu verfolgen und mit China zusammenzuarbeiten«.

Sich ein »eigenes Bild von China machen« – ich habe es getan. Als ehemaliger Militär, der in der Bundeswehr diente und in Afghanistan eingesetzt war, bin ich immer wieder hinübergefahren. Darüber berichte ich auch in meinem Buch. Und gleichzeitig versuche ich, die komplexen Vorgänge auf dem Felde der Militärpolitik zu analysieren. Diese ist nicht so simpel, wie es die westliche Propaganda uns glauben machen möchte – ohne die Geschichte Chinas, seine Gegenwart und die nationalen Planungen für die Zukunft wirklich zu kennen.

Zunächst ein Blick zurück: Afghanistan

> Jede Kriegsführung gründet auf Täuschung.
>
> *Sunzi in: »Die Kunst des Krieges«*

Die bisherige Algebra der internationalen Beziehungen, dass der militärisch Stärkere den Schwächeren dominiert, funktioniert nicht mehr. Das zeigte zuletzt wieder die Niederlage der USA und ihrer Partner in Afghanistan 2021. Territoriale Ansprüche werden heute nicht mehr ausschließlich durch Landnahme und raumgreifende militärische Operationen umgesetzt. Das Vertrauen der Bevölkerung zu gewinnen – das ist eine Voraussetzung für das erfolgreiche Engagement in einem Land.

Das gilt im Übrigen auch für die innere Stabilität im Land. Wenn die Führung das Vertrauen der Bevölkerung besitzt, dann sind die Chancen eines Gegners gering. Wir kennen solche wie auch andere Beispiele …

In den Jahren 2004/05 war ich acht Monate in Kabul in der Internationalen Sicherheitsunterstützungstruppe *(International Security Assistance Force, ISAF),* die die Sicherheit und den Wiederaufbau des Landes unter NATO-Führung garantieren sollte. 2001 hatte es eine Afghanistan-Konferenz und eine Genehmigung des UN-Sicherheitsrates zu einem friedenserzwingenden Einsatz in Verantwortung der beteiligten Staaten gegeben. Diese schickten zusammen etwa 130 000 Soldaten ins Land. Die Bundesrepublik war mit fast fünftausend Mann dabei, ich war einer von ihnen.

Im September 2001 weilte ich als Offizier der Bundeswehr in Minsk und nahm dort an einer Ausbildung zum Thema Rüstungskontrolle und vertrauens- und sicherheitsbildende Maßnahmen teil. Am 11. September befanden wir uns im Verteidigungsministerium von Belarus, als man uns zum Fernsehgerät eines Diensthabenden holte. Dort liefen die Bilder aus New York. Wir sahen die brennenden Türme des World Trade Center und erstarrten. Wenig später, wieder zurück in Berlin, suchte man Freiwillige für ein erstes nationales Kontingent für Afghanistan. Ich meldete mich, weil ich von der friedensstiftenden Mission überzeugt war, mein Dienststellenchef erklärte mich jedoch für »nicht abkömmlich«. Daraufhin bewarb ich mich direkt beim Personalamt der Bundeswehr und wurde in den Bewerberpool aufgenommen. Ein Jahr später begann die vorbereitende Ausbildung. Es verging ein weiteres Jahr, bis ich in einen Brigadestab als G 2 (Leiter Aufklärung) eingegliedert wurde.

Im Sommer 2004 wurde ich über Mechernich in der Eifel mit einem neuen Einsatzkontingent ausgeschleust. Wir flogen mit einem Bundeswehr-Airbus von Köln nach Termez in Usbekistan, von dort ging es mit einer C 160 Transall der Bundesluftwaffe weiter nach Kabul. Unser Lager – Camp Warehouse – lag östlich der Hauptstadt auf einem Hochplateau in 1800 Meter Höhe. Ich übernahm im Stab der *Kabul Multinational Brigade* (KMNB) eine Abteilung und blieb dort für sechs Monate.

Nach diversen Lehrgängen in der Heimat folgte ein weiterer Einsatz zwischen 2006 und 2008 als Militärpolitischer Berater des Botschafters der Bundesrepublik

In Kabul auf dem Gelände der russischen Botschaft. Oberstleutnant Heiducoff (Dritter von rechts) im Kreis von Militärattachés

Deutschland in Afghanistan. Recht schnell war mir als Berufssoldat bewusst geworden, dass das westliche Engagement am Hindukusch die Probleme in diesem Land nicht würde lösen helfen. Insbesondere die unverhältnismäßige Gewalt der ISAF-Schutztruppe im Kampf gegen die Aufständischen forcierte den Hass der Bevölkerung. Der Einsatz von Jagdbombern, Kampfhubschraubern und Kampfdrohnen, die nächtlichen Hausdurchsuchungen und Strafmaßnahmen – ja, es wurde auch gefoltert – entwickelten nicht die Zivilgesellschaft, deren Aufbau wir doch angeblich unterstützen sollten. Der Auftritt des westlichen Militärs verhinderte die Zivilgesellschaft eher, als dass er dabei half. Die Lebensgrundlagen der Menschen wurden – wie auch unersetzliche Kulturgüter –

zerstört: nicht nur von den Taliban, den Mudschaheddin und den Warlords.

Täglich pendelte ich mehrmals zwischen meinem Haus und der Botschaft bzw. dem afghanischen Verteidigungsministerium oder den Militärcamps. Mehr als Schrittgeschwindigkeit zu fahren war in Wazir Akbar Khan, dem Stadtviertel im Zentrum Kabuls mit den Botschaften, nicht möglich: erstens wegen der Verkehrsdichte und zweitens wegen der tiefen Schlaglöcher. Auf den Straßen von Kabul konnte ich am Umgang der Soldaten mit der Bevölkerung, zu deren Schutz sie doch angeblich hier waren, unschwer erkennen, wie tief Vorurteile und Hochmut in ihnen steckten. Das Verhalten der Amerikaner war besonders aggressiv, ihre Konvois zwängten sich mit unangemessener Geschwindigkeit durch den dichten Verkehr. Fahrzeuge fuhren seitlich versetzt und verdrängten die zivilen Fahrzeuge. Es kam oft zu Kollisionen, auch tödlichen Unfällen. Die Amerikaner fuhren gepanzerte hellgraue Ford-Fahrzeuge ohne Kennzeichen, einige davon hatten ein Schiebeschild, um sich dadurch mit Nachdruck freie Fahrt zu verschaffen.

Ein solches Fahrzeug blockierte einmal die Zufahrt zum zivilen Teil des Kabul International Airport, als ich dort Gäste des Botschafters abholen sollte. Nachdem ich den Checkpoint der afghanischen Polizei problemlos passiert hatte, wurde ich von den »Waffenbrüdern« gestoppt. Ich verwies auf mein diplomatisches Kennzeichen am Fahrzeug, was die Amerikaner nicht interessierte. Sie richteten ihre Waffen auf mich und beschimpften mich. Ich hielt selbstbewusst dagegen. Doch das Kräfteverhältnis entschied gegen mich, und ich kehrte um. Die Gäste, die ich abholen wollte, mussten zu Fuß mit ihrem Gepäck die Sicherheitszone verlassen.

Der Eingang zum zivilen Teil vom Hamid Karzai International Airport in Kabul. Versperrt von amerikanischen Militärfahrzeugen mit Schiebeschilden und ohne nationale Kennung

Während meines Kontingenteinsatzes 2005 erklärten die Kommandeure der Bundeswehr den deutschen Soldaten, dass wir keine Besatzer seien und uns entsprechend verhalten sollten. Zwei Jahre später, nunmehr in anderer, wenngleich eigentlich selber Mission in Kabul, beobachtete ich, wie die Bundeswehrsoldaten von den Kommandeuren zu entschlossenerem und härterem Vorgehen angehalten wurden.

Mein Job hieß »Berater«, und ich bemühte mich, den deutschen Botschafter zu beraten. Zu meinen Aufgaben gehörte ferner die Betreuung von »Polittouristen« aus der

23

Heimat – Abgeordnete und andere Persönlichkeiten – und die Zusammenarbeit mit den Militär- und Verteidigungsattachés der verschiedenen Nationen. Besonders intensiv waren die Beziehungen zu den Amerikanern, Russen und Chinesen. Die US-Botschaft war die am besten geschützte Festung mitten in Kabul. Die russische lag an der Ausfallstraße nach Darulaman und war neueren Datums, auf dem ausgedehnten Botschaftsgelände gab es viele Möglichkeiten, Sport zu treiben und sich zu erholen. Die russischen Diplomaten und Militärs verbargen – im Unterschied zu ihren US-Kollegen – nicht ihre Identität: Hinter der Windschutzscheibe zeigten sie im Wortsinne Flagge, und sie parkten die Fahrzeuge auch auf den Straßen in der Stadt. Sie blieben unbehelligt. Was nach zehn Jahren Krieg erstaunlich war.

Die Botschaft der Chinesen befand sich unweit des afghanischen Außenministeriums im Zentrum Kabuls und war der Größe des Landes angemessen. Ihr gegenüber stand die türkische Vertretung, die wegen ihres Parks gern bei sommerlichen Empfängen aufgesucht wurde. Nicht minder gute Beziehungen unterhielt ich zu den Kollegen in der indischen, pakistanischen und bulgarischen Vertretung.

Die Zusammenarbeit mit meinem unmittelbaren Chef, dem deutschen Botschafter, funktionierte in den ersten Monaten ganz gut. Noch im Frühherbst 2006 stimmte er mir zu, dass sich die Sicherheitslage in Afghanistan dramatisch verschlechtert habe und nach meiner Einschätzung das westliche Engagement scheitern würde. Dies war auch der Tenor seiner ans Auswärtige Amt übermittelten Lagebeurteilung.

Jedoch: Eine kritische Bewertung passte nicht in das politische Bild. Das kannte ich aus meinem früheren Le-

Unterwegs in der Provinz Uruzgan in Zentralafghanistan. Die Begegnungen mit den Afghanen erfolgten nicht für Fotos, sondern dienten in erster Linie der Information über deren soziale Lage und ihre Haltung zu den ausländischen Truppen, die mehrheitlich als Besatzer wahrgenommen wurden

ben. Morgensterns Palmström lebte in allen Systemen, seine Parole war unsterblich: »Weil, so schließt er messerscharf, / nicht sein kann, was nicht sein darf.«

Ich verfolgte weiter aufmerksam die militärische und militärpolitische Entwicklung sehr intensiv, trug Bewertungen und Empfehlungen regelmäßig vor und berichtete auch den Ministerien in der Heimat. Immer häufiger wich meine Lageeinschätzung von den vorgezeichneten

Wunschbildern ab. Jedoch war ich nicht bereit, meine nüchterne Analyse den illusionären Erwartungen zu unterwerfen. Ich war viel im Land unterwegs, hatte Freunde unter der einheimischen Bevölkerung und verfügte über viele externe Quellen, die mir ein realistisches Bild der aktuellen Lage zu zeichnen erlaubten.

Jeden Morgen ging ich beim Frühstück die aktuellen Meldungen durch, dann fuhr ich in die Botschaft zur Morgenbesprechung. Zivilisten und Militärangehörige versammelten sich dort im Besprechungsraum um einen großen Konferenztisch, der Botschafter kam stets als Letzter hinzu. Hin und wieder gab es Anlass zu grundsätzlichen Statements, und zunehmend vernahmen wir die Aufforderung: »Liebe Kolleginnen und Kollegen, wir müssen in unseren Lagemeldungen und in unseren Berichten mehr positive Elemente aufnehmen. Die Erfolge, besonders beim Wiederaufbau, müssen stärker herausgestellt werden. Die Situation ist kritisch genug.«

Nicht nur im Lande war die Situation kritisch, die Stimmung im Hause war es auch. Dafür gab es verschiedene Gründe. Die meisten Beschäftigten aber hielten sich bedeckt und mit ihrer Meinung hinterm Berg, um nicht aufzufallen und den Job zu riskieren. Die Atmosphäre, so empfand ich, war von Argwohn und Misstrauen beherrscht. Ich war vermutlich nicht der Einzige, dem die fragwürdige Haltung des Botschafters zu zwei Landsleuten in die Nase stach. Aber ich sprach es aus, was andere hinnahmen. So verehrte er Oskar von Niedermayer, einen deutschen Offizier und Orientkenner, der im Ersten Weltkrieg von der Obersten Heeresleitung mit einer Delegation nach Kabul geschickt worden war, um die Afghanen gegen die britische Kolonialmacht aufzuwiegeln. Als Geostratege hatte von Niedermayer vorgeschlagen, durch »raumgreifende Operationen« im Orient die Briten zu verdrängen.

Obgleich seine Mission beim Emir von Afghanistan erfolglos geblieben war – der hielt sich strikt an die den Briten zugesicherte Neutralität –, wurde Niedermayer 1916 zum Ritter geschlagen und geadelt. 1933 schloss er sich der NSDAP an, seit 1939 gehörte er dem Beirat der »Forschungsabteilung Judenfrage« des »Reichsinstituts für Geschichte des Neuen Deutschland« an, 1942 wurde er mit der militärischen Führung der 162. Turk-Infanterie-Division beauftragt, einer im Hinterland der Heeresgruppe Süd formierten Einheit aus nichtrussischen Kriegsgefangenen, die gegen die Sowjetunion kämpfen sollten. Das erklärt, weshalb Ritter von Niedermayer in der Sowjetunion nach dem Krieg zu 25 Jahren Haft verurteilt wurde. Er verstarb dort 1948 an Tuberkulose. Der Botschafter wünschte nun, dass ich eine Gedenktafel für diesen Mann anfertigen lassen sollte, was ich verweigerte.

Und auch seinen anderen Auftrag setzte ich aus: Ich sollte dafür sorgen, dass Bundeswehrsoldaten die Pflege des Grabes von Dr. Manfred Oberdörffer auf dem Kabuler Friedhof übernahmen. Der Spion aus dem faschistischen Amt Ausland/Abwehr, das Canaris unterstand, war 1941 bei einer Geheimdienstoperation in Kabul ums Leben gekommen. Am Volkstrauertag legte der Botschafter an des Nazis Grab Blumen nieder, ich hielt mich aus verständlichen Gründen von derlei zweifelhaften Ehrungen fern.

Zudem erlaubte ich mir den Hinweis, dass ich die Ahnengalerie in der Botschaft für anrüchig hielt. Im Obergeschoss, auf dem Weg zum Amtszimmer des Botschafters, musste man an den Porträts der seit 1915 hier tätig gewesenen Diplomaten vorbei, darunter auch an den beiden jener Botschafter, die das Hitlerreich in Afghanistan zwischen 1933 und 1945 vertreten hatten. Auf mein Monitum erklärte mir der jetzige Amtsinhaber, dass auch diese beiden sich um die deutsch-afghanische Freundschaft und Zusammenarbeit verdient gemacht hätten; sie gehörten zur deutschen Geschichte.

Darauf warf ich ein, dass dies auch auf die DDR-Botschafter zuträfe, zumal sie hier die Stellung in den achtziger Jahren gehalten hätten. Bekanntlich hatten die westdeutschen Vertreter damals Afghanistan verlassen.

Solche Momente, aber insbesondere umstrittene Militäreinsätze, veranlassten mich, an Bundesaußenminister Frank-Walter Steinmeier zu schreiben. Dieses von den Medien als »Brandbrief aus Kabul« bezeichnete Papier gelangte ohne mein Zutun an die Öffentlichkeit und wurde unter anderem in der *ARD* am 31. Mai 2007 thematisiert.

»Ich gerate zunehmend in Widerspruch zu dem, wie die eigenen westlichen Truppen in Afghanistan agieren«, hatte ich an Steinmeier geschrieben. »Ich stelle dabei zunehmend fest, dass die militärische Lage unzulässig geschönt dargestellt wird. Auch deutsche Generale beschönigen oder verschweigen eigene Probleme.« Westliche Jagdbomber und Kampfhubschrauber verbreiteten Angst und Schrecken unter den Menschen und sorgten mit unverhältnismäßiger Gewalt für einen Vertrauensverlust bei den Afghanen. »Es gibt keine Entschuldigung für das durch unsere westlichen Militärs erzeugte Leid unter den unbeteiligten und unschuldigen Menschen.« Ich nannte auch die »Kill or Capture Operations«, das Abarbeiten von Target-Listen, also gezieltes Töten, was doch nicht unbedingt zu unseren demokratischen Werten gehörte. (Über solche Operationen berichtete u. a. ziemlich freizügig, wenngleich auch vertuschend, regelmäßig das »United States Central Command« in Washington. Hier beispielsweise die Meldung vom 6. April 2009: »Koalitions- und afghanische Streitkräfte haben bei viertägigen Kämpfen in Afghanistan mindestens 52 Aufständische getötet und 17 weitere gefangen genommen, berichteten Militärbeamte.« Die US-Truppen und damit deren Verantwortung verschwindet absichtsvoll hinter der diffusen Bezeichnung »Koalitionsstreitkräfte«. Im Weiteren werden dann die Opfer von »Kill or Capture Operations« aus verschiedenen Regionen gemeldet, und auch die Umstände, wie sie zu Tode kamen oder gefangen genommen wurden, nennt man minutiös. Zur Beruhigung schob man die Lüge nach: »Bei keiner der Operationen wurden afghanische oder Koalitionsmilitärs oder nicht kämpfende Zivilisten als verwundet gemeldet.«)

Meinem Brief an Bundesaußenminister Frank-Walter Steinmeier folgten dienstrechtliche Auseinandersetzungen, die 2008 zu meiner vorzeitigen Ablösung in Kabul führten.

Während der dienstrechtlichen Ermittlungen gegen mich und dem Verfahren am Bundesverwaltungsgericht registrierte ich, dass sich ein Kollege nach dem anderen von mir distanzierte – obwohl ich dem Personalrat der Botschaft angehörte und bis soeben noch das Vertrauen der Kollegen und Kameraden besessen hatte.

Die Kontakte zu Menschen, die die Lage am Hindukusch ähnlich kritisch sahen, nahmen zu, das waren russische und chinesische Kollegen und Offizierskameraden bei der ISAF. Aus dienstlichen Begegnungen entwickelten sich Freundschaften, die zum Teil bis heute bestehen. Ich konnte und wollte nach Monaten einfach nicht mehr den falschen Darstellungen der militärischen Lage in und um

Afghanistan folgen. Meine Bewertungen wurden immer wieder von deutschen und anderen westlichen Stellen ignoriert. Man sei auf Erfolgskurs, hieß die Parole, habe die Situation im Griff. Defätismus sei fehl am Platze, Optimismus angesagt. Doch immer öfter wehten die Flaggen der ISAF auf Halbmast.

Ich suchte und fand Verständnis bei Diplomaten und Militärs der Volksrepublik China. Zu den Personen, die mich verstanden und die mir menschliches Vertrauen entgegenbrachten, gehörten der chinesische Verteidigungsattaché und seine Offiziere. Dies registrierten Diplomaten der deutschen Vertretung sehr schnell. Was dann im Hinter- und Untergrund passierte, weiß ich nicht. Jedenfalls schwand das Vertrauen des deutschen Botschafters zu mir in dem Maße, wie das der chinesischen Abgesandten zunahm.

So wurde ich schließlich von Angehörigen der Botschaft der Volksrepublik China und von Chinesen, die im Rahmen wirtschaftlicher ziviler Projekte im Ausland tätig waren, in das Reich der Mitte, in ihre Heimat, eingeladen.

Es war Afghanistans geographisches Schicksal, dieses Landes zwischen Hindukusch und Pamir, der Nachbar Chinas zu sein. Die dort lebenden Paschtunen, Tadschiken, Hazara etc. blickten mit Achtung und Ehrfurcht, nicht Furcht, auf den ungleich größeren und mächtigeren Nachbarn, wie ich feststellte. Es besteht in der ethnischen Struktur zwischen China und Afghanistan ein entscheidender Unterschied. Wie China ist auch Afghanistan ein Vielvölkerstaat, es gibt unter den mehr als dreißig Millionen Afghanen etwa drei Dutzend Ethnien, wobei die Paschtunen mit über dreizehn Millionen Menschen die größte Gruppe stellen.

In Afghanistan leben mehr als dreißig verschiedene Ethnien, darunter Hazara, die mongolischen Ursprungs sind. Dieser mongolische Musiker wünschte sich ein Foto mit der Langnase Heiducoff.

In China hingegen leben 56 verschiedene Ethnien, aber die verteilen sich auf 1,4 Milliarden Menschen. Die größte Nationalität, die Han-Chinesen, stellen etwa neunzig Prozent der Bevölkerung. In Afghanistan fanden und finden zwischen diesen kleinen Ethnien gewaltige und gewalttätige Konflikte statt, wie man sie in China nicht kennt. Dafür gibt es verschiedene Ursachen, die sich aus der Geschichte und Kultur erklären, aber eben auch aus der Politik der Gegenwart.

Täglich begegnete ich in Afghanistan Chinesen, die in internationalen Organisationen und für nationale Unternehmen tätig waren, so etwa bei der Kupfergewinnung in Aynak, hundert Kilometer von Kabul entfernt. 700 Millionen Tonnen Erz sollen dort lagern, es sind damit die größten Kupfervorkommen der Welt. Der Kupfergehalt des dortigen Malachit ist noch höher als der in den chilenischen Gruben. Der *Spiegel* schrieb dazu am 19. Dezember 2009: »Als es 2007 um den Zuschlag für Aynak ging, meldeten sich Unternehmen aus 16 Ländern, darunter aus Russland, den USA und Kanada. Kabul legte die Latte hoch: Das Kupfer soll nicht, wie Anfang der siebziger Jahre von den Sowjets geplant, nach einer ersten Anreicherung ins Ausland gehen, sondern in Afghanistan verarbeitet werden. Die ausländischen Interessenten mussten sich verpflichten, nicht nur das Erz aus dem Berg zu holen, sondern auch ein Kohlekraftwerk und Straßen zu bauen, dazu Wohnungen, Schulen und Kliniken für die Bevölkerung der Provinz. Lediglich neun der Bieter waren dazu bereit, und nur sechs von ihnen übergaben ein günstiges Angebot. Aber einer bot mehr als alle Konkurrenten: China.«

Der Staatskonzern *China Metallurgical Construction Corporation* (MCC) sicherte die Investition von 2,9 Milliarden Dollar zu. Das war fast eine Milliarde mehr als das zweithöchste Gebot. Und alles eingebunden in die Neue Seidenstraße, jenes gigantische Infrastrukturprojekt, das Jahre später auf den Weg gebracht werden sollte.

China sah keine militärische Flankierung dieses Vorhabens vor. Die Manager und Ingenieure der beteiligten chinesischen Unternehmen lebten zumeist in Kabul. Sie hielten engen Kontakt zu ihren afghanischen Nachbarn in den Wohngebieten. Man achtete und half sich gegenseitig. Dies unterschied Chinesen von anderen Ausländern, was sicher eine der Ursachen für das ihnen entgegengebrachte Vertrauen war.

Ein Blick in die Geschichte erklärt vieles. Die Briten herrschten in Britisch Indien lange Jahre an der Südflanke des Reiches der Mitte. Sie brachen die Opiumkriege vom Zaun und wollten die Chinesen unterjochen, wie sie es mit anderen Völkern praktiziert hatten. Das erlebten die Völker Afghanistans hautnah mit. Vom großen Nachbarn China hingegen waren sie nie bedroht oder bedrängt worden. Auch heute nicht.

Um die Jahrtausendwende, ein Jahrzehnt nach dem Krieg der Sowjetunion gegen die von den USA aufgerüsteten und unterstützten Warlords und Mudschaheddin, die islamischen Freiheitskämpfer, wandten diese sich gegen ihre einstigen Mäzene. Mit Terror und Krieg stritten sie für einen islamischen Staat (IS), als »Al-Qaida« und »Taliban« – 1994 von Mitliedern der Muhadscheddin und Jüngern religiöser Schulen in Pakistan gebildete islamistische Terrorbewegung – beteiligten sie sich an allen Schlachten, in die Moslems involviert waren: in Jugoslawien wie auf den Philippinen, in Somalia und im Nordkaukasus, wo die Tschetschenen gegen die Russen Krieg führten. Islamisten waren aktiv in Indien, im Irak und Syrien und trugen den Dschihad, den Heiligen Krieg, in die Metropolen des Westens. Am 11. September 2001 erfolgte der Anschlag auf das World Trade Center in New York, worauf der US-Präsident den »Krieg gegen den Terror« ausrief.

Dazu rückte die NATO in Afghanistan mit UN-Mandat ein, um das Land nach dem Krieg gegen die Russen aufbauen zu helfen und die Wurzeln des internationalen Terrorismus auszurotten. Tatsächlich und überwiegend hat das Militär gebombt, zerstört, gefoltert, gemordet, wie ich schon schrieb.

Die ISAF war multinational. Das Chaos, das sie brachte, war ebenfalls multinational. Keiner konkreten Nation, keinem konkreten Präsidenten der intervenierenden Staaten konnte die Gesamtverantwortung zugeschrieben werden. Die internationale Staatengemeinschaft teilte wohl die Verantwortung nach Aufgabenfeldern auf. Die USA zeichneten unter anderem verantwortlich für die Ausbildung der Afghanischen Nationalarmee, Deutschland für die Polizeiausbildung, Italien für die Justiz und Großbritannien für die Bekämpfung der Drogenkriminalität. Jedoch funktionierte diese Trennung der Verantwortlichkeit in praxi nie. Dies alles aber war frühzeitig zu erkennen. Wer diese Wahrheit publizierte, wurde diffamiert. Diffamiert von jenen, die die Verantwortung für diesen Krieg trugen. Sinnvoll, aber zu spät kam der Ruf nach Änderung, nach einem Wechsel der Akteure in Afghanistan. Die bisherigen Akteure hatten versagt. Und machten sich im Sommer 2021 vom Acker und hinterließen nach zwanzig Jahren Chaos Militärgerät im Wert von sieben Milliarden Dollar sowie Not und Elend, sechzig Prozent der Bevölkerung hungerten … Das UN-Flüchtlingsheilfswerk UNHCR ging davon aus, dass bis Ende 2021 etwa 2,7 Millionen Afghanen – ein Viertel der Bevölkerung – aus dem Land geflohen waren, die meisten davon nach Pakistan. Und weitere dreieinhalb Millionen gelten als »Binnenflüchtlinge« – sie verließen ihre angestammten Wohnorte.

Es ist kein Geheimnis, dass chinesische Diplomaten den katastrophalen Untergang der seit 2004 bestehenden Islamischen Republik Afghanistan vorausgesagt haben. Der überstürzte und unkoordinierte Abzug der NATO-

Truppen machte allerdings alles noch schlimmer. Über Nacht verschwanden hoch gerüstete und ausgebildete militärische Verbände. Afghanische Soldaten und Offiziere, die gestern noch Rang und Auftrag hatten, landeten im Heer der Aussichtslosen. Zwei Generäle, Korpskommandeure der Afghanischen Nationalarmee, mit denen ich gemeinsame Aufträge zu erfüllen hatte und die mir auch menschlich nahe waren, standen mit ihren großen Familien von heute auf morgen vor dem Nichts. Da es ihnen nicht gelang, sich zu den Evakuierungsflügen durchzuschlagen, blieb ihnen nur der Weg der schriftlichen Anträge und Bitten, um auf eine Gefährdetenliste zu kommen, was die Voraussetzung für einen Visum-Antrag war. Dies war eine tiefe Demütigung, ein Verrat. Für die beiden afghanischen Männer und ihre Familien begann ein Weg durch das Gestrüpp der deutsche Bürokratie. Bis heute bemühen sich die beiden Ex-Kommandeure vergeblich beim Auswärtigen Amt in Berlin darum, wie andere »Ortskräfte« auch eine Ausreisegenehmigung nach Deutschland zu erhalten. Das alles ist herzlos und ungerecht. Und wie ihnen erging und ergeht es Tausenden, die mitunter nicht einmal mehr in eines der Nachbarländer fliehen konnten.

Das Vorgehen der westlichen »Demokratien« wurde natürlich auch von den Chinesen genau beobachtet.

Seit 2014 gab es öffentliche und private Treffen zwischen Vertretern der Taliban und der Volksrepublik China. In einem Interview für die Zeitschrift *This Week in Asia* im Juli 2021 begrüßte der Sprecher der Taliban, Suhail Shaheen, die angekündigte chinesische Beteiligung am Wiederaufbau Afghanistans. Noch im gleichen Monat, am 28. Juli, traf sich Chinas Außenminister Wang Yi mit Mullah Abdul Ghani Baradar, einem der Taliban-

Gründer. Peking zeigte sich auch in der Folgezeit im Umgang mit den Taliban pragmatisch. Denn im Unterschied zu den westlichen Staaten, die vor oder während der Machtübernahme durch die Taliban ihre Vertretungen schlossen und flohen, hielt die chinesische Botschaft den Betrieb in Kabul aufrecht.

Dies muss man auch vor dem Hintergrund des Prioritätenwechsels der US-Administration sehen. Die USA zogen ihre Truppen aus Zentralasien ab, um stattdessen den Kräfteaufbau in der Taiwan-Straße, dem Südchinesischen Meer und dem Pazifik voranzutreiben.

Die Volksrepublik China bekannte sich seit ihrer Gründung zu den »Fünf Prinzipien der friedlichen Koexistenz«, und diese galten auch im Umgang mit Afghanistan, wo seit 1949 die Regimes häufig wechselten. Mit Afghanistan – dem »Friedhof der Weltreiche« – ist man nur durch den schmalen Wakhan-Korridor verbunden, zu dem nicht einmal eine Straße führt. Bis zum Beginn der Reform- und Öffnungspolitik 1978 hatte China außer der Sicherung seiner Grenze keine unmittelbaren Interessen in und mit Afghanistan. Doch unverändert gilt bis heute auch der chinesische Grundsatz der Nichteinmischung in die inneren Angelegenheiten anderer Staaten.

Gleichwohl: Das politisch-gesellschaftliche Chaos in Afghanistan und auch terroristische Übergriffe auf Chinesen im Lande sorgten für eine wachsende Zurückhaltung beim wirtschaftlichen Engagement. In Aynak, bei der Erschließung des Amudarja-Ölfeldes und bei anderen Infrastrukturmaßnahmen zögert man, manche Projekte kamen zum Stillstand. Ende März 2022, vier Wochen nach dem Beginn des Krieges in Europa, reiste Chinas Außenminister Wang nach Kabul. Das Treffen mit seinem Kollegen Amir Khan Muttaqi war nicht angekündigt. Peking bemüht sich sichtlich um eine Verbesserung der wirtschaftlichen und politischen Zusammenarbeit mit Kabul, hält sich zugleich jedoch an die unausgesprochene Übereinkunft der internationalen Gemeinschaft, die de-facto-Regierung der Islamisten in Afghanistan nicht anzuerkennen. Bei Wangs Gesprächen ging es auch um die Kupfermine in Aynak im Süden Kabuls …

Meine Beziehung zu China

> Wenn du den Feind und dich selbst kennst,
> brauchst du den Ausgang von hundert
> Schlachten nicht zu fürchten.
>
> *Sunzi in: »Die Kunst des Krieges«*

Etwa fünf Jahre insgesamt hielt ich mich in den 1970er, 1980er und 1990er Jahren in der Sowjetunion bzw. in der Russischen Föderation auf. Ich studierte vier Jahre an der Militärakademie der Luftstreitkräfte im Moskauer Gebiet. Es folgten acht Monate Einsatz als Militärbeobachter der *Organisation für Sicherheit und Zusammenarbeit in Europa* (OSZE) im Krieg Russlands gegen die tschetschenischen Rebellen im Nordkaukasus. Zwischen diesen Aufenthalten war ich beschäftigt mit der Umsetzung von Rüstungskontrollabkommen und Verträgen im In- und Ausland.

Von 2004 bis 2007 weilte ich, mit kleinen Unterbrechungen, als Soldat der Bundeswehr in Kabul. Dort traf ich zum ersten Mal auf chinesische Offiziere, es waren auch meine ersten Begegnungen mit chinesischer Tradition und Kultur, mit dem Denken und der Überzeugung chinesischer Soldaten. Später traf ich Offiziere der Volksbefreiungsarmee an der Führungsakademie der Bundeswehr in Hamburg. Das überraschte mich nicht sehr, eher die Tatsache, dass sie augenscheinlich russische Militärakademien mieden. In dem Maße, wie ich mich mit der

Ruinen und Zerstörung in Grosny während des Ersten Tschetsche-
nienkrieges – Heiducoff war 1995/96 Militärbeobachter der OSZE, als
im Nordkaukasus islamistische Separatisten gegen die Zentralregie-
rung in Moskau kämpften.

chinesischen Geschichte intensiv befasste, erschloss sich
mir so manches, was ich bislang nicht verstanden hatte.

Nach meiner Rückkehr aus Afghanistan bereiste ich
regelmäßig Russland und China. Besonders in China fiel
mir die Sehnsucht nach Harmonie und Frieden auf. Ungewohnt und für mich als Ostdeutschen auch ein wenig
überraschend war die offene Zustimmung zum Staat und
zur Kommunistischen Partei. Sie war nicht »von oben«
verordnet, sondern entsprach der inneren Überzeugung
der meisten Menschen, mit denen ich sprach. Gesellschaftliche Disziplin gehört zum Alltag. Von einer Militarisierung der Gesellschaft – keine Spur.

Während in anderen Teilen der Welt Menschen ihr Obdach verlieren, baut China in rasendem Tempo Siedlungen und Städte. Die Häuser muss man nicht unbedingt schön finden, aber sie sind funktional und besser als jede Lehmhütte.

Ich bin Dutzende Male in China unterwegs gewesen, immer privat. Mit Beginn der Corona-Pandemie war Schluss. Seit Mitte Januar 2020 hielt ich mich mit einem Touristenvisum in der Volksrepublik auf, mein Rückflug nach Deutschland war für den 13. März 2020 gebucht.

Meine ersten Reisen nach China waren von Afghanistan aus erfolgt. Ich wollte mich dort vom Kriegsstress erholen. Aber stressfrei war der Aufenthalt in der Volksrepublik anfänglich nicht, zu ungewohnt der dortige Alltag. Natürlich musste ich nicht fürchten, überfallen, ausgeraubt oder beschossen zu werden. Aber allein das Einkaufen und Feilschen auf dem Markt, die Benutzung des öffentlichen Nahverkehrs oder die Art der Speisen und Getränke verlangten einem Europäer schon Einiges ab.

Über die Jahre gewann ich viele Freunde in verschiedenen Regionen Chinas. Sie alle waren extrem gastfreundlich und luden mich regelmäßig wieder ein. Der *Laowai* (Ausländer) mit der *shang bise* (langen Nase) war augenscheinlich gern gesehen. Man begegnete mir ohne Arg und Vorurteil und mit großer Aufgeschlossenheit, egal, ob in Städten oder in abgelegenen Dörfern in der Provinz. Ich wurde Zeuge der Dynamik, mit der sich das Land entwickelte. Die Großstädte wuchsen in die Höhe und in die Breite, dorthin zogen die Menschen, freiwillig oder gezwungen, wenn denn die Dörfern abgerissen wurden, sofern man diesen keine Zukunft gab. Die chinesische Führung plante erkennbar strategisch. Durch den Zuzug junger Menschen verjüngte sich die Bevölkerung in den Ballungszentren, die Ein-Kind-Regel galt schon lange vor ihrer offiziellen Aufhebung nicht mehr. Überall sah ich junge Familien, die augenscheinlich mit Zuversicht in ihr Leben starteten. Sie hatten eine Wohnung in einer Umgebung, die alles bot, was ein moderner Mensch heutzutage zum Leben brauchte: Arbeit, Kultur, Kindergarten und Schule, Nahverkehr und Naherholung … Die Alternative, die sie hinter sich gelassen hatten: ein Zusammenleben mit Eltern und Großeltern im traditionellen ländlichen Umfeld mit schlecht bezahlter Arbeit und entwicklungsbedürftiger Infrastruktur. Sicher traf es den einen oder anderen gewohnt bescheiden lebenden Chinesen hart, im Alter seine liebgewordene Hütte mit dem kleinen Gärtchen dahinter und der brüchigen Sitzbank davor am staubigen Dorfpfad aufgeben und in eine Mietwohnung in einem städtischen Hochhaus ziehen zu müssen. Mancher fasste dort nie Fuß, fand sich mit dem neuen Leben in der total digitalisierten Welt nicht zurecht. Auch für Chinesen gilt, was man in Europa sagt: Einen alten Baum verpflanzt man nicht. Doch noch immer finden verordnete Wohnungswechsel statt, wofür ökonomische wie mitunter auch ökologische Gründe geltend gemacht werden – wobei es ebenfalls nicht wenige Gründe gibt, die dagegen sprechen. Nicht zu reden von sozialen Verwerfungen, der Vereinsamung und anderen Problemen, die schon seit Jahrzehnten in den Metropolen des Westens beobachtet werden.

Doch der wirtschaftliche Fortschritt ist für alle Chinesen als individueller Gewinn erlebbar, was nicht zuletzt für die große Zustimmung zum System sorgt. Wäre es anders, würde der uneingeschränkte Zuspruch schwinden. Es herrscht allenthalben auch eine hohe Erwartung an die weitere Entwicklung des Landes wie des eigenen Lebens. Dies erzeugt einen gesellschaftlichen Schub, sorgt für einen Aufwärtstrend. Der chinesische Traum von einer harmonischen Gemeinschaft in bescheidenem Wohlstand ist kein Versprechen auf eine ferne Zukunft. Er ist aktuell erfahrbar. Welcher früheren Generation im Reich der Mitte erging es so? Nachweislich sind, so stellte die Weltbank fest, seit Beginn der Wirtschaftsreformen 1978 »mehr als 850 Millionen Menschen der Armut entkommen«. Und die gleiche Quelle konstatiert, dass dadurch China »mit rund 70 Prozent zur Reduzierung der globalen Armut« beigetragen habe. So jedenfalls zitiert die *Welternährung. Das Fachjournal der Welthungerhilfe* 4/2021 die Weltbank.

Meine Reisen nach China und die Rückkehr nach Deutschland gestalteten sich zunehmend zu einem Wechselbad der Erlebnisse und Erwartungen. Dort die moderne chinesische Gesellschaft – hier, in Europa, ein

Mindestens einmal auf die Große Mauer – das gehört zum Pflichtprogramm jedes China-Reisenden.

Land der Stagnation, ja der sozialen Rückbildung. Dort Traum, Erwartung und Zuversicht – hier Enttäuschung, Aussichtslosigkeit bis zur Resignation, und zwar für alte wie auch für junge Menschen. Trotz wirtschaftlichen Aufschwungs gerieten und geraten in Deutschland immer mehr Menschen in soziale Schieflagen. Manche bereits in jungen Jahren, viele erst kurz vor Erreichen des Rentenalters. Damit verbunden ist der rapide Anstieg psychischer Erkrankungen. Die Gefahr, in die Depressionsfalle zu geraten, nimmt stetig zu. Das heutige Deutschland ist kinderunfreundlich und keineswegs der Zukunft zugewandt. Es ist unerträglich, in einem der reichsten Länder

der Welt Obdachlose und Bettler zu haben, selbst im Zentrum Berlins, dem Regierungsviertel.

Völlig klar, dass diese Vergleiche des Lebens in China und Deutschland hierzulande nicht passen. Es gibt zu viele Veröffentlichungen in den Mainstream-Medien, die ein eher dem politischen Willen und Wunschdenken Berlins entsprechendes China widerspiegeln. Einzelschicksale aus dem mehr als 1,4 Milliarden Menschen zählenden Riesenland werden aufgegriffen und unzulässig verallgemeinert. Oft haben derartige Darstellungen mit der Realität wenig zu tun. Unsäglich die Berichterstattung von den Olympischen Winterspielen im Februar 2022. Als müsste sich insbesondere das öffentlich-rechtliche Fernsehen fortgesetzt dafür entschuldigen, weshalb es mit den Gebühren der Bundesbürger in das vermeintliche Völkergefängnis gereist war und nunmehr über Sport berichten müsse statt über die Unterdrückung der Uiguren oder die Verletzung der Menschenrechte in Hongkong oder Tibet. Nun, die meisten Reporter vermochten dies dennoch, weshalb nahezu jeder Sportbericht zu einem politischen Kommentar geriet, fast jedes Siegerinterview zu einer Abrechnung mit dem Unrechtsregime.

Nach dem Beginn des Krieges zwischen Russland und der Ukraine Ende Februar 2022 trat das China-Bashing ein wenig in den Hintergrund. Es drängte aber schon nach kurzer Zeit wieder nach vorn, als sich die Volksrepublik in diesem Konflikt neutral verhielt und an ihrer Linie festhielt, sich nicht in die inneren Angelegenheiten anderer Staaten einzumischen. Und die Anti-China-Propaganda verstärkte sich noch, als Peking erklärte, man wolle die »umfassende strategische Zusammenarbeit« mit Russland vertiefen. Sie sei, so Xi Jinping, »ein Modell für die Beziehungen zwischen Großmächten in der heutigen

Teil der »umfassenden strategischen Partnerschaft« zwischen China und Russland ist auch das militärische Zusammenwirken auf See, hier ein Manöverbild. Ein militärisches Bündnis zwischen beiden Staaten schließt Peking jedoch aus.

Zeit«, nur auf diese Weise ließen sich »internationale Gerechtigkeit und Gleichheit« sicherstellen. Das war, diplomatisch geschickt, ein Seitenhieb auf die USA und eine deutliche Absage an die heuchlerische Absicht des Westens, China in die Anti-Russlandfront einzubinden.

Viele Beiträge entstehen in hiesigen Redaktionen und nicht vor Ort. Manche Autoren und »China-Experten« weilten noch nie, selten oder vor vielen Jahren in der Volksrepublik, als diese noch ganz anders aussah. Andere sind vielleicht in China tätig, aber im Rahmen eines Arbeitsvertrages in einem internationalen Unternehmen oder in einer internationalen Behörde eingebunden. Sie verbrachten und verbringen wie eben auch viele Journalisten die meiste Zeit ihres Aufenthaltes in Hotels oder Restaurants für Internationale, also in einer »Blase« von Gleichgesinnten.

Jedenfalls traf ich bei meinen Reisen durch China nur sehr selten Europäer oder Amerikaner. Weit und breit war ich auf Märkten, in Geschäften, in Suppenküchen und in Restaurants, in der Bahn oder im Bus des öffentlichen Verkehrs die einzige »Langnase«. Ich lebte mit normalen, einfachen Familien und war auch darin wohl eine Ausnahme. Ich habe die Probleme der Menschen bei schweren Erkrankungen wie auch den Tod erlebt, war bei Beisetzungen und Trauerritualen zugegen. Ich nahm teil an Hochzeiten und Feiern in Großfamilien. Und sah, roch und erfuhr mit allen Sinnen, wie Chinesen leben. Diese Erfahrungen habe ich wohl den meisten meiner Landsleute voraus.

Manchmal frage ich mich, worauf angebliche »China-Kenner« ihre Kompetenz und Kenntnis gründen, mit der sie Kritisches über das Leben in der Volksrepublik verbreiten? Aus welchen Quellen schöpfen sie ihr Wissen? Finden sie es nicht ein wenig anmaßend, mit so wenig Wissen derart große, meist vernichtende Urteile zu sprechen? Niemand sollte unsachlich und herablassend über fremde Völker reden oder schreiben. Das gilt generell, aber für China in besonderer Weise. Wir Deutschen haben – angesichts unserer Geschichte im 20. Jahrhundert – zudem kein Recht, unsere Kultur und Tradition, unser Rechtsverständnis und Sicherheitsbedürfnis etwa bei persönlichen Daten zum Maßstab für andere Ländern zu machen. Am deutschen Wesen soll die Welt genesen, war hierzulande mal Staatscredo. Dahin dürfen wir nie wieder zurück!

Die Geschichte Ostasiens ist völlig anders verlaufen als die europäische Geschichte, und dies widerspiegelt sich in Gewohnheiten wie in den Erwartungen der Menschen, insbesondere im chinesischen Traum. Ihn wollen sich die Menschen in China nicht zerstören lassen. Nicht nur die Ökonomie ist stark, es ist inzwischen auch das nationale Selbstbewusstsein. Und die Gewissheit, dass die Volksarmee das friedliche Zusammenleben in den Landesgrenzen schützt. Einer der fünf gelben Sterne auf der roten Fahne, ihrer Nationalflagge, gehört der Armee. Welcher: darüber sind sie sich nicht einig. Die einen meinen, der größte Stern gehöre der Partei, die anderen sind davon überzeugt, er gebühre der Volksbefreiungsarmee, schließlich stand sie nicht nur an der Wiege der Volksrepublik.

Aber ist das so wichtig für das Selbstverständnis?

Meine An- und Einreisen in die Volksrepublik erfolgten aus verschiedenen Richtungen: aus Afghanistan, über Neu-Delhi oder über Urumqi im Uigurischen Autonomen Gebiet Xinjiang. Ich flog nach Peking auch von Amsterdam oder von Berlin aus, kam über Wuhan nach Changchun, einem der Automobilbau-, Forschungs- und Entwicklungszentren des Landes. Ich wohnte selten in Hotels oder Ferienanlagen, sondern meist bei einfachen Leuten, die ihren Lebensunterhalt mit fleißiger Arbeit erwirtschafteten. Ihre Arbeitszeit war meist unregelmäßig, selten unter zwölf Stunden und das an sieben Tagen in der Woche. Auch wenn sie keine unmittelbaren Industriearbeiter waren, so zählte ich sie dennoch zu den Arbeitern, zu den Menschen, die ohne Kapitalrücklage ihr Auskommen mit Fleiß und Eigeninitiative bestritten. Ein älterer Gastgeber arbeitete als Verkäufer in der Textilbranche, seine Frau als Köchin in einem Restaurant – also

Auf der chinesischen Staatsflagge gibt es fünf Sterne. Wofür der größte steht? Die einen sagen so, die anderen so. Am Ende ist es auch egal.

beides Arbeiter im Dienstleistungsbereich. Jüngere Leute zeigten sich wesentlich mutiger und experimentierfreudiger oder innovativer bei der Wahl einer existenzsichernden Tätigkeit. Einer war Perlentaucher, seine Frau führte ein Restaurant. Eine Familie betrieb ein einfaches Hotel für Wanderarbeiter, die andere in der Saison einen Windkanal, in dem Touristen in der Nähe des Strandes ihren Spaß hatten. Bei uns würde man sie zu den Kleinunternehmern oder Selbstständigen rechnen. Niemand stöhnte wegen hoher Belastungen. Die Einkünfte waren zufriedenstellend. Und selbst wenn sie nur für die notwendigen Abgaben und Rücklagen für schlechte Zeiten und die Monate nach der Saison reichten: keiner monierte seine soziale Lage oder Stellung. Die Steuern waren bei diesen Geringverdienern kein Thema. Alle Familien, die ich auf diese Weise kennenlernte, besaßen einen PKW und eine, manche sogar zwei Eigentumswohnungen – nicht unbedingt am Arbeitsort. Die großen Kinder waren auswärts in Ausbildung oder beim Studium.

Die meisten Chinesen, denen ich begegnete, lebten in dem Bewusstsein, dass die Solidarität in der Familie überlebenswichtig sei. Erst in Ansätzen existierte eine rudimentäre Kranken- und Rentenversicherung. Eine Arbeitslosenversicherung gab es nur auf dem Papier und in praxi bei großen Unternehmen mit gewerkschaftlichen Tarifabschlüssen. Die Gründung neuer Gewerkschaften war eingeschränkt. Sozialhilfe kannte man nicht. Seit Jahrtausenden ist der einzelne ohne das Kollektiv der Familie nicht überlebensfähig. Die Pflege der Alten und Kranken ist ebenfalls Familiensache.

Nur wenige beklagten sich. Sie wussten aus den Erzählungen ihrer Eltern und Großeltern, wie entbehrungsreich und schwer die Zeit der japanischen Besatzung oder während des Großen Sprungs und der Kulturrevolution gewesen ist.

Die derzeitige Realität ist die einer Leistungsgesellschaft. Fleiß lohnt sich sichtbar. Und die Chinesen waren und sind sehr emsig, einfallsreich und geschäftstüchtig. Wer versagt oder sich nicht immer an die Gesetze hält, muss mit Nachteilen rechnen und in der Regel von der Familie aufgefangen werden. Eine solche Situation aber möchte jeder seiner Familie ersparen. Hinter dem Begriff des Sozialismus chinesischer Prägung steht nach meinem Empfinden vor allem Gerechtigkeit statt Alimentierung Schwacher, Versager oder Faulenzer. Das *Wir* steht über dem *Ich*, das Kollektiv über dem Individuum. Darum kommt erst der Familien-, dann der Vorname, also in anderer Reihenfolge als in den anderen Kulturen. Ein- und Unterordnung gehören zu den wesentlichen, seit Jahr-

Mit Absolventen einer Hochschule in einem Park von Dalian, der Hafenstadt im Norden Chinas mit über sieben Millionen Einwohnern

tausenden gelebten Werten. Aber: Anders als etwa in der arabischen Welt und auch bei uns ist die Frau in China absolut gleichberechtigt.

Land und Leute wuchsen mir ans Herz. Warum? Vieles im chinesischen Alltag erinnerte mich an meine Herkunft und an meine Kindheit in sehr bescheidenen Verhältnissen. Trotz einer völlig anderen Kultur und Tradition erlebte ich einen Alltag in der DDR, wie ich ihn im heutigen Deutschland vermisse: zielgerichtete Bildung und Erziehung im Elternhaus, in der Schule und in der Pionierorganisation, Achtung und Respekt gegenüber Lehrern und Eltern sowie allen Alten, Aufmerksamkeit und Verantwortung füreinander, menschliche Wärme und Zuwendung … Wir besaßen Werte, die in dieser kapitalistischen Gesellschaft kaum mehr vorhanden sind. Wenn ich die Politiker-Reden höre, in denen die »Wertegemeinschaft« und »gemeinsame Werte« gepriesen werden, frage ich mich: Welche Werte meinen sie? Meine sind es gewiss nicht.

Ich habe mich auf unterschiedlichen Wegen, was sowohl wörtlich als auch im übertragenen Sinne zu verstehen ist, China genähert. Wiederholt unternahm ich mit deutschen Freunden Kurzausflüge nach Mazar-e-Sharif oder in den Wakhan-Korridor, jenen schmalen Gebirgsstreifen, der Afghanistan an China grenzen lässt. Diesen merkwürdigen Wurmfortsatz hinterließ die einstige Kolonialmacht Großbritannien, er sollte zwischen Indien und dem russischen Zarenreich eine Pufferzone bilden. Einer dieser Ausflüge führte mich gemeinsam mit anderen Mitarbeitern der deutschen Botschaft an den Pandsch, der in einigen tausend Metern Höhe zwischen Pamir und Hindukusch entspringt. Wir folgten dem Fluss, der sich zwischen den hohen Bergen über tausend Kilometer dahinwindet, ehe er sich in den Amurdarja ergießt. Auf einer Hochebene trafen wir auf Menschen – Tadschiken, Paschtunen, Kirgisen, Chinesen? Das war egal. Sie lebten dort, wie es ihre Vorfahren schon seit Jahrhunderten taten: Im Einklang mit der Natur und nach den Regeln, die von Generation zu Generation weitergereicht wurden. Sie interessierte weder Staatszugehörigkeit noch Gesinnung, wer wir waren und wohin wir gingen. Sie selbst folgten dem Vieh und den Ratschlägen der Alten. Unweit, auf dem Hochplateau, weideten ihre Yaks, die ihnen Milch, Fleisch, Leder und Wolle lieferten und Wärme: Der getrocknete Kuhdung ist in der baumlosen Gegend das einzige Brennmaterial. Und in der Ferne lag China. Dort oben auf dem »Dach der Welt«, wo sich die Sterne an die

Unterwegs in Afghanistan: hier in Masar-e Scharif im Norden, der viert-größten Stadt des Landes, einem Wallfahrtsort, einer heiligen Stadt des Islam. Bis 2021 waren dort Einheiten der Bundeswehr stationiert.

Berge zu schmiegen scheinen, reifte in mir der Wunsch, in dieses Land zu reisen.

Fast auf dem gleichen Breitengrad lag Dalian auf einer Landzunge, die ins Gelbe Meer ragt, im Rücken Nord-korea. Freunde führten mich dort zum nördlichsten eis-freien Hafen in China an Gedenkorte, die an die Ver-treibung der japanischen Aggressoren erinnern. Neben Wladiwostok ist die Stadt einer der Endpunkte der Trans-sibirischen Eisenbahn. Nach dem russisch-japanischen

Chinas erster Flugzeugträger, CNS Liaoning, wurde im September 2012 in Dienst gestellt, im November 2016 als »kampfbereit« gemeldet.

Krieg stand Dalian von 1905 bis 1945 unter japanischer Kontrolle, danach wurde es gemeinsam von China und der Sowjetunion verwaltet. 1955 ging Dalian an China zurück, die Sowjetsoldaten zogen ab.

2011 lief hier der erste chinesische Flugzeugträger aus – der umgerüstete ehemalige sowjetische Flugzeugträger »Warjag«, dessen Bau 1991 im lettischen Riga abgebrochen worden war: Er gehörte der Ukraine, der die nötigen 500 Millionen Dollar für die Fertigstellung fehlten. Kiew bot die Investruine 1998 auf einer Auktion an, ein Unternehmer aus Macau ersteigerte sie für 20 Millionen Dollar, um daraus ein Hotel mit Casino zu machen. Das antriebslose Schiff musste um ganz Afrika geschleppt werden, weil die Suezkanalbehörde die Passage verweigerte. Weil es in China Probleme mit dem Eigentümer gab – man schrieb bereits das Jahr 2002–, durfte der Flugzeugträger nicht einmal vor Macau ankern. Er kam in ein Trockendock nach Dalian, wo er 2005 als »Liaoning« – so der Name der Provinz, in der Dalian liegt – zu Wasser gelassen wurde. Dann lag der 59 000 Tonnen-Koloss an verschiedenen Piers, auch wieder im Trockendock. Im Januar 2011 wurde berichtet, dass der erste chinesische Flugzeugträger kurz vor der Fertigstellung stünde, im August 2011 erfolgte die erste Probefahrt und im Dezember 2011 fotografierten ihn US-Satelliten erstmals auf hoher See und – schlugen Alarm.

Meine Freunde brachten mich in die Werft, wo *CNS Liaoning* (CNS steht für *China Navy Ship*) umgebaut wurde. Sie zeigten mir mit sichtlichem Stolz den noch nicht fertiggestellten Flugzeugträger mit der »Sprungschanze« am Bug. »Da Flugzeugträger als hochkomplexe Systeme immer wieder längeren Revisions- und Modernisierungsarbeiten unterzogen werden müssen, braucht ein Land nach Ansicht von Experten drei Träger, um sicherzustellen, dass immer mindestens einer einsatzbereit ist. Wann China dieses Ziel erreichen wird, ist unklar, doch es wird davon ausgegangen, dass die chinesische Marine bis in etwa zehn Jahren vier bis sechs Flugzeugträger in ihrer Flotte haben wird«, schrieb die *Neue Zürcher Zeitung* am 27. November 2018 ganz sachlich und zutreffend.

Inzwischen hat China zwei Flugzeugträger, der dritte ist seit Februar 2017 in der Produktion. Er wird auf der Jiangnan-Werft in Shanghai gebaut, die ununterbrochen von US-Satelliten beobachtet wird. Der *Flugzeugträger 003* mit rund 85 000 Tonnen Wasserverdrängung weist viele Neuerungen auf, wie man aus dem Weltall beobachtete. »Befürchtet wird nun, dass sich Peking den Umweg über das Dampfkatapult spart und gleich mit Elektro-Katapulten beginnt. Sollte das der Fall sein, hätten die Chinesen bei einer Schlüsseltechnologie in Rekordzeit zu den USA aufgeschlossen. Sollten die China-Katapulte ohne große Probleme funktionieren, wäre die Demütigung der US Navy perfekt«, meinte der Hamburger *stern* am 8. Dezember 2021. Aber die Illustrierte beruhigte gleich die vielleicht aufgeschreckte Leserschaft. »Tatsächlich ist *003* kleiner als die Träger der Gerald R. Ford-Klasse und verfügt auch über keinen Atomantrieb.« Vor allem aber: »Sollte es zu einem Konflikt mit den USA kommen, geht Peking generell nicht von einer Auseinandersetzung vor der Küste der USA aus. In einem realistischen Szenario würden die Träger vor China manövrieren, dort wären sie nicht allein, sondern wären Teil in einem weitgespannten System, und würden mit Einrichtungen auf dem Festland und den Insel-Ketten zusammenarbeiten.«

Keine Panik auf der kapitalistischen Titanic also …

Flugzeugträger Nr. 2, das soll noch ergänzt werden, wurde Ende 2019 als *CNS Shandong* in Dienst gestellt. Er war sechs Jahre zuvor von der Dalian Shipbuilding Industry, einer Tochtergesellschaft der China State Shipbuilding Corp, dem weltweit größten Schiffbauer, auf Kiel gelegt worden. Nach Angaben der chinesischen Marine hat die *CNS Shandong* eine Wasserverdrängung von mindestens 70 000 Tonnen. Der Flugzeugträger verfügt über konventionelle Antriebssysteme und nutzt eine Rampe, um J-15-Kampfjets zu starten. Das Schiff setzt auch mehrere Arten von Hubschraubern ein.

Im August 2007, daran sollte erinnert werden, hatte der Sprecher der Kommission für Wissenschaft, Techno-

Der erste in China gebaute Flugzeugträger – CNS Shandong – wurde 2019 in Sanya, einer Hafenstadt in der südchinesischen Provinz Hainan, in Dienst gestellt. Baubeginn war November 2013.

logie und Industrie für nationale Verteidigung auf einer öffentlichen Pressekonferenz informiert, dass China alle Technologien für einen Flugzeugträger beherrsche und in Zukunft auch Flugzeugträger bauen werde, wenn es denn erforderlich sei. Es sollte schon bald erforderlich werden.

Inzwischen geht man davon aus, dass im Rahmen des Flugzeugträgerprogramms bereits am *Typ 004* gearbeitet wird. Im Unterschied zu seinem Vorgängermodell soll er nicht nur größer (bis zu 110 000 Tonnen) sein, sondern auch über einen nuklearen Schiffsantrieb verfügen. Die Reaktoren werden, so wird vom Westen spekuliert, auch genügend Strom erzeugen, um Laserwaffen und Railguns zu bedienen. (Railguns sind Geräte, die mit Hilfe elektromagnetischer Kraft Projektile ohne oder mit Sprengmitteln mit hoher Geschwindigkeit verschießen.) Man geht davon aus, dass bis Ende der zwanziger Jahre vier dieser bis zu dreißig Knoten schnellen Flugzeugträger fertiggestellt sein könnten. Die USA verfügen derzeit über zwanzig …

Nun sind Flugzeugträger gewiss nicht die zentrale Waffengattung im System der chinesischen Landesverteidigung. Als seegestützte Luftwaffenbasis signalisieren sie aber Selbstbewusstsein und unterstreichen den Anspruch einer Weltmacht, auch auf den Weltmeeren operieren und ihre globalen Interessen schützen zu wollen und auch zu können. Flugzeugträger erlauben Militäraktionen weit außerhalb der eigenen Territorialgewässer, und sie sind die größten Schiffe der Marine und zugleich ein wichtiges Element der Luftstreitkräfte.

Ich stelle allerdings aus einem anderen Grunde die Flugzeugträger meiner Betrachtung der chinesischen Militärmacht voran. Hier lässt sich nämlich auch belegen, wie chinesische Fachleute einerseits die internationalen Entwicklungen aufmerksam studieren und andererseits fremdes Knowhow für nationale Interessen innovativ nutzen. Das ist legitim, was den Chinesen aber immer wieder vorgeworfen wird: Studium und Nutzung fremder Entdeckungen und Entwicklungen. So hielten es die Chinesen immer – sieht man einmal von der Phase der Selbstisolation ab. Aber was sind schon dreihundert Jahre von fünftausenden Jahren Kulturgeschichte?

Die Volksrepublik erwarb mindestens vier ausgemusterte Flugzeugträger und fragte auch ergebnislos in Frankreich nach. Unter den – bis auf die »Warjag«, die zur CNS Liaoning umgebaut wurde – später verschrotteten Seekolossen war auch der australische Flugzeugträger *Melbourne*. Der war 1943 für die britische Royal Navy gebaut worden, wechselte 1955 in die australische

Marine und wurde dort 1982 ausgemustert. Drei Jahre später erwarb die China United Shipbuilding Co Ltd. für 1,4 Millionen Dollar den Flugzeugträger zum Schrottpreis. Und obgleich die Australier zuvor nicht nur die Waffen und die Elektronik vollständig ab- und ausgebaut hatten, sondern alles aus der Ruine entfernten, was für die Chinesen eventuell von Interesse sein konnte, waren die chinesischen Fachleute dann doch erstaunt, was man dabei alles übersehen oder vergessen hatte. So ein Katapult, das Bremssystem (Aerofinisher), das optische Landungssystem und die Steuerungsanlage. Die hatte man zwar unbrauchbar gemacht, aber sie war im Kern noch vorhanden und konnte darum intensiv studiert werden.

Die Philosophie der Verteidigung

> Ein Heer von hunderttausend Männern
> auszuheben und mit ihnen über weite
> Entfernungen zu marschieren bedeutet große
> Verluste an Menschen und eine Belastung
> der Staatsschätze. [...]
> Zu Hause und in der Ferne wird es Unruhe
> geben.
>
> *Sunzi in: »Die Kunst des Krieges«*

In Kabul begegneten mir täglich Chinesen, die in internationalen Organisationen, aber auch im Rahmen chinesischer Unternehmen tätig waren. Im Raum Aynak bereiteten sie die Förderung von Kupfererz vor. Für die Sicherheit sollte die afghanische Polizei sorgen. Die aber war nicht vom Virus der Korruption frei.

China erwog keine militärische Flankierung seines Vorhabens. Manager und Ingenieure der beteiligten chinesischen Unternehmen lebten zumeist in Kabul. Es bestanden enge Kontakte zu den afghanischen Nachbarn in den Wohngebieten. Man achtete und half sich gegenseitig. Dies unterschied die Chinesen von anderen Ausländern und war sicher eine der Ursachen für das ihnen entgegengebrachte Vertrauen. Afghanen reagierten aufgrund ihrer eigenen negativen Erfahrungen mit Ausländern üblicherweise sehr zurückhaltend bis distanziert.

Die Chinesen selbst agierten aufgrund von Erfahrungen, die sie in Jahrtausenden gesammelt und verinnerlicht hatten. China blickt auf eine über fünftausend Jahre alte Kultur zurück, es ist eine der ältesten Zivilisationen unserer Erde. Die Geschichte des »Reiches der Mitte« beginnt im Altertum. Während die alten Zivilisationen des Zweistromlandes Babylon, Ägyptens, Griechenlands und Indiens, nicht zu reden von den Hochkulturen in Amerika, den Azteken, Maya und Inka, in der Bedeutungslosigkeit verschwanden, überlebte die chinesische Kultur bis heute. Sie ist lebendig und im individuellen und gesellschaftlichen Bewusstsein präsent.

China ist weltweit das einzige Beispiel für eine dauerhaft bestehende Kultur und Zivilisation, die durch eine flexible Staatlichkeit immer wieder erhalten und hergestellt werden konnte.

Vor über 2500 Jahren erfolgte eine Periode des geistigen Aufschwungs. Die große Masse der Bevölkerung waren Bauern. In den wenigen Städten entstand eine gebildete Elite. Sie bestimmte die Politik und die gesellschaftlichen Prozesse. Die geistigen Grundlagen für den Aufschwung, der bis heute in der chinesischen Gesellschaft nachwirkt, legten Konfuzius und Laozi. Konfuzius lehrte ein Menschenbild und eine menschliche Ordnung, die auf der Achtung vor anderen Menschen fußte. Der Mensch könne nur gut sein, wenn er sich in Harmonie mit dem Weltganzen befinde, sagte er angeblich – denn es gibt keine schriftlichen Zeugnisse von Konfuzius. Alles, was wir von oder über ihn wissen, wurde erst Jahre nach seinem Tode notiert. Gleichwohl prägte sein Weltbild das Denken und die Moral, damit auch die Kultur und die Politik über Jahrhunderte in China. Lange bevor im christlichen Abendland die Bibel mit den zehn Geboten einen Moralkodex formulierte, lehrte Konfuzius vier Grundtugenden: Mitmenschlichkeit, Gerechtigkeit, kind-

Ein chinesischer Soldat macht Klimmzüge – darin übt sich das chinesische Volk seit fast fünftausend Jahren. Kultur und Zivilisation keines anderen Volkes auf der Welt hat sich derart dauerhaft behauptet.

liche Pietät – womit die Verantwortung und der Respekt der Nachgeborenen gegenüber ihren Vorfahren gemeint war – und die Einhaltung von gesetzten Regeln. Zu Letzterem gehörte laut Konfuzius: »Richtiges Verhalten zu anderen Menschen – es befreit von Sorgen. Weisheit – sie bewahrt vor Zweifeln. Entschlossenheit – sie überwindet die Furcht.« Womit er auch gleich den Nutzen genannt hatte, was eine hinlänglich überzeugende Begründung für ihre Anwendung lieferte.

Dort liegt auch der Schlüssel für das Selbstverständnis der Chinesen. Erst durch die Ordnung und deren Einhaltung, so Konfuzius, ist Freiheit möglich. Eine wohlgeordnete Gesellschaft schafft Strukturen für ein freies Leben des Menschen. Ordnung unterdrückt also nicht die

Freiheit, sondern eröffnet einen Handlungsraum, in dem menschliche Tätigkeit Sinn bekommt. Ungeregelte, chaotische Zustände hingegen erzeugen ein Klima der Unfreiheit, des Zwangs und der Bedrängnis.

Der Philosoph Laozi – er lebte um die gleiche Zeit, etwa fünfhundert, sechshundert Jahre vor Beginn der Zeitrechnung – begründete den Daoismus, die Lehre des Weges. Diese Weltanschauung ist – neben dem Konfuzianismus und dem Buddhismus – die dritte Lehre, die Chinas Geisteswelt maßgeblich prägte und prägt. Diese *Drei Lehren*, die von ihnen vermittelten Lebensweisheiten und Grundsätze, sind gleichsam in die Gene der Chinesen eingeflossen. Ihre Sprüche und Empfehlungen werden zitiert, ohne dass die Namen der Schöpfer genannt werden. Sie prägen die Mentalität nahezu aller Chinesen.

Aber auch die Militärtheorie und Praxis hat ihren Ursprung im alten China. Ein Zeitgenosse des Philosophen Konfuzius war der Militärtheoretiker Sunzi. Sein Werk »Die Kunst des Krieges« entstand etwa 500 v. u. Z., es ist weltweit die älteste bekannte Ausarbeitung über militärische Strategie. Sie erwies sich als hilfreiche Literatur auch für Napoleon, für die preußischen Reformer, für Mao Zedong, selbst für heutige Topmanager in asiatischen Unternehmen und natürlich auch für Militärs. Sunzi behandelte Aspekte und Methoden der Konflikt- und Kriegsvorbereitung und -führung. Das beginnt bei der Planung von Manövern und der Bilanzierung der Kräfte. Es setzt sich fort über die Verstärkung beim Angriff durch kluge Ausschöpfung von Reserven, die Konzentration der Feuerkraft, die Flexibilität der Planung und endet nicht beim Einsatz von Spionen.

Sunzi mahnte allerdings auch, dass der Krieg und der Kampf möglichst vermieden werden sollten, da sie den

Staat und das Volk ruinierten. Am besten sei es, die Strategie des Feindes zu vereiteln, am zweitbesten, die Bündnisse des Feindes aufzubrechen. Erst an dritter Stelle folgen Kämpfen und Siegen.

Sunzi verfolgte eine Strategie der Gewaltlosigkeit. Er gab einer defensiven, zurückhaltenden Gewaltanwendung den Vorzug. Folglich beschäftigte er sich auch damit, wie die (moralische) Schlagkraft einer Armee erhalten werden könne, auch wenn sie keine Gefechte führte – bekanntlich motiviert Soldaten nichts so sehr wie ein auf dem Schlachtfeld errungener Sieg. Ebenso analysierte Sunzi die Gefahr langer bewaffneter Auseinandersetzungen als besonders kritischen Punkt für die Schlagkraft und den Bestand der eigenen Armee.

Das Kaiserreich China führte in den 2132 Jahren seiner Existenz eine Reihe von militärischen Auseinandersetzungen im Inneren. Diese dienten dem Erhalt oder der Herstellung der Einheit des Landes. Expansionen nach außen gab es nicht. Dazu fühlte sich das Reich zu schwach. Ob es wirklich schwach war oder ob die Philosophie des Konfuzius und Laozi die defensive Haltung vorgab, ist nicht erforscht. Das Kaiserreich verfolgte jedenfalls keine expansiven Bestrebungen gegenüber Nachbarn oder fremden Kulturen außerhalb Chinas.

Hingegen war das chinesische Reich bekanntlich immer wieder Angriffen von außen ausgesetzt. Die dadurch notwendigen Verteidigungsausgaben ruinierten oft den Staatshaushalt. Zumeist waren es Steppenkrieger, die das Reich bedrohten. Erfolge hatte vor allem der Mongolenführer Kublai Khan. Im 13. Jahrhundert etablierte sich die mongolische Yuan-Dynastie in Peking.

Einen neuerlichen Aufschwung in Wissenschaft und Handwerk erlebte China im 15. Jahrhundert. Es wurde in

In unterschiedlicher Weise wird an die Selbstverteidigung der Chinesen erinnert – hier Plastiken aus den Befreiungskämpfen.

den Häfen der Ostküste eine gewaltige Flotte gebaut. Der chinesische Admiral Zheng He, ein moslemischer Eunuch, kommandierte die sogenannte Drachenflotte, um damit die Meere und angrenzenden Länder zu bereisen und den Nachbarn vom Kaiserreich China zu berichten. Hauptzweck der Reisen war der Handel, vor allem mit Gewürzen und Juwelen, das Ziel der Drachenflotte indische, persische, arabische Handelshäfen bis zur Ostküste Afrikas. Die Flotte bestand aus Groß-Dschunken mit acht Masten und hatte Tausende Tonnen Handelsgüter an Bord, sie bestand aus Pferdetransportern, Spezialschiffen voller Trinkwasser und Kräuterreservoirs für die Schiffsapotheken sowie schnellen Signalschiffen.

Es bestanden keine Eroberungs- oder missionarischen Absichten, die mitgeführten Soldaten sollten lediglich eventuelle Angriffe von Piraten abwehren. Das Reich der Mitte wollte handeln, kooperieren und allenfalls Einfluss nehmen.

Anders bei den europäischen Seefahrern, die zur selben Zeit aufbrachen. Spanien missionierte entdeckte Territorien vorzugsweise in Amerika, die Portugiesen, später die Niederländer, Engländer und andere europäische Invasoren unterwarfen sich Gebiete und Völker an den Gestaden des Indischen Ozeans und in Asien. Deren Seefahrer waren von Anfang an auf Raub und Plünderung aus, so wie es ihnen ihre Herrscher befahlen. Die Europäer begründeten Kolonien – eine Praxis, die den Chinesen fremd war.

Die chinesische Seefahrt verlor an Bedeutung, die Flotte war zu teuer und wurde darum durch Erlass des Kaisers aufgelöst. China entschied sich für die Selbstisolation. Dies geschah in der Überzeugung, man habe keine Unterstützung von außen nötig, man habe alles selbst. Dadurch verlor China den Anschluss bei der Industrialisierung, das Land fiel in seiner Entwicklung gegenüber den europäischen Staaten technisch, militärisch und politisch zurück.

Und während es in Westeuropa gelang, die Fesseln des Feudalsystems zu überwinden und den Kapitalismus zu entwickeln, verharrte China über Jahrhunderte weiter im Zeitalter eines feudalen Absolutismus. Es verlor zudem seine einstige Stellung als asiatische Hegemonialmacht. Die allgemeine Stagnation weckte die Begehrlichkeiten der mit der industriellen Revolution aufstrebenden und expandierenden Industriestaaten. Die europäischen Kolonialmächte, allen voran England, begannen ihren

Zeitgenössische Postkarte zum Boxeraufstand um 1900, die den Kampf der Kolonialmächte um China karikiert. Treffender Text dazu: »John Bull, sie theilen, / Du musst dich beeilen, / Denn siehe sie schnappen / Nach guten Happen.«

Einfluss weltweit auszudehnen. Um 1900 kamen neben Frankreich und Portugal auch noch Russland, Japan, Deutschland und die USA hinzu.

China, das immer wieder versucht hatte, sich gegen die westliche Übermacht zu wehren und den Handel über seine Häfen in eigener Regie zu betreiben, wurde mit militärischer Gewalt daran gehindert und blieb den Kolonialmächten schutzlos ausgeliefert. So erzwangen die Briten 1841 im sogenannten Opium-Krieg die Einfuhr von Opium nach China. Das war ein abgefeimtes Verbrechen – mit großem Gewinn für die britische Krone und katastrophalen Folgen für die chinesische Bevölkerung. Die Briten eroberten Hongkong, erzwangen den freien Zugang zu anderen chinesischen Häfen und sicherten sich für 99 Jahre mit dem Pachtvertrag von 1898 die Nutzung weiterer Territorien im Mündungsgebiet des

Perlflusses. So entstand die britische Kronkolonie Hong-kong.

Die seinerzeitigen feudalen Regionalherrscher in der Quing-Dynastie machten mit den Kolonialherren Geschäfte und verschacherten an die ausländischen Besatzer weitere Gebiete. In dieser Phase der »Ungleichen Verträge« erwarben auch die Portugiesen das Recht auf dauerhafte Besetzung von Macao. Der sogenannte Boxeraufstand um 1900 (»Faust der Gerechtigkeit«), der sich anfänglich gegen die Repressionen der feudalen mandschurischen Herrschaftsklasse der Quing und später auch gegen die Kolonialmächte richtete, wurde von den Truppen der ausländischen Interventen brutal niedergeschlagen.

Bis in das beginnende 20. Jahrhundert litt China unter den feudalen und halbkolonialen Verhältnissen. Die bürgerlich-nationale Revolution von 1911, die »Xinhai-Revolution«, beendete zwar die über zwei Jahrtausende währende Monarchie, die Republik veränderte die feudalkolonialen Verhältnisse aber kaum. Nach wie vor bedienten sich die alten Kolonialmächte der billigen Arbeitskräfte und nutzten sie zur Ausplünderung des Landes. Investitionen in eine industrielle Entwicklung erfolgten nur in den eigenen Niederlassungen und in solche Infrastrukturprojekte, die der Ausbeutung der Ressourcen des Landes dienten. Die Staats- und Sittenlehre des Konfuzius verlor ihre identitätsstiftende Funktion. Das Land drohte zum Spielball unterschiedlicher innerer und äußerer Kräfte zu werden und im Chaos zu versinken.

Präsident Sun Yat-sen, der intellektuelle Kopf der Republikanischen Bewegung und heute als Begründer der modernen chinesischen Gesellschaft verehrt, versuchte die chinesische Nation zu einen und wirtschaftlich voranzubringen. 1923 ersuchte er die Sowjetunion um Unterstützung beim Kampf gegen die kriminellen Warlords und die aggressiven Japaner, die sich nach dem Ersten Weltkrieg der deutschen Kolonialterritorien in China bemächtigt hatten und expandierten. Sun Yat-sen und die von ihm geführte »Nationale Volkspartei« (*Kuomintang*, KMT) wurden von der 1921 in Shanghai gegründeten Kommunistischen Partei (KPCh) unterstützt. Allerdings starb 1925 Präsident Sun Yat-sen und damit seine Politik. Er wurde von General Tschiang Kai-schek beerbt. Dieser war der Interessenvertreter der aufstrebenden chinesischen Bourgeoisie, der Großgrundbesitzer, Banker und Kaufleute und machte aus der Kuomintang eine antikommunistische Partei, die nicht nur das breite politische Bündnis für ein freies und unabhängiges China sprengte, sondern auch massiv gegen die Kommunisten vorging. 1927 kam es zu ersten gewalttätigen Auseinandersetzungen, denen Tausende Menschen zum Opfer fielen. Das war der Auftakt zu einem blutigen Bürgerkrieg, der erst 1949 – mit der Gründung der Volksrepublik – beendet werden sollte.

In den zwanziger Jahren hatten sich in etlichen Städten und Regionen nach sowjetischem Vorbild Räterepubliken gebildet, die von Tschiang Kai-scheks »Nationalarmee« attackiert wurden. Dagegen formierte sich eine »Rote Armee«, ihre Gründung erfolgte am 1. August 1927 in Nanchang, der Hauptstadt der Provinz Jiangxi. Geführt wurde die bald 30 000 Mann zählende Truppe von einem »Revolutionären Militärrat« unter Zhou Enlai, der in Berlin und Göttingen studiert hatte.

Tschiang Kai-schek schloss 1933 mit den Japanern – die bereits die Mandschurei besetzt hielten – einen Waffenstillstand und sicherte ihnen weite Teile Nordchinas zu,

Präsident Sun Yat-sen (1866–1925) gilt als Begründer des neuen China, mit der von ihm initiierten Revolution 1911 endeten die über zweitausend Jahre bestehenden Kaiserdynastien. (Aufnahme 1924)

um seine Kräfte auf die »Auslöschung« des Kommunismus in China konzentrieren zu können. Für die Niederschlagung der Räterepublik in der Provinz Jiangxi mit der Hauptstadt Ruijin mobilisierte Tschiang Kai-schek etwa fünfhunderttausend Soldaten. Diese waren zwar erheblich besser ausgebildet und bewaffnet als die Bauern in der Roten Armee, aber nicht so motiviert wie diese. Die Bauern, bislang bis aufs Blut ausgebeutet und gepeinigt, hatten inzwischen Land der enteigneten Großbauern und Warlords und damit eine Perspektive für sich und ihre Familien erhalten, die sie nun entschlossen zu verteidigen bereit waren. Auch wenn die Zahl der Freiwilligen

Der Lange Marsch durchs Gebirge, durch Eis und Schnee auf einem Gemälde im Militärmuseum in Peking

bis zu 100 000 anstieg und sie sich der Unterstützung der übrigen Landbevölkerung sicher waren, so schätzten ihre militärischen Führern realistisch ein, dass sie der Übermacht der Kuomintang-Truppen unterliegen würden. Darum mussten sie der drohenden Einkesselung entgehen und zogen von Ruijin nach Yan'an in die dortige Räterepublik. Im Oktober 1934 brachen etwa 85 000 Soldaten (es sollen nur 35 Frauen darunter gewesen sein) zu ihrem Langen Marsch auf. Er ging durch unwegsames Gelände, durchs Gebirge und über Flüsse, bei schlimmsten Wetterbedingungen und immer mit der Maßgabe, einem militärisch überlegenen Gegner auszuweichen und nur dort zu

attackieren, wo Aussicht auf Erfolg bestand. »Der Feind
nähert sich, wir ziehen uns zurück. Der Feind hält inne,
wir schreiten voran. Der Feind ermüdet, wir greifen an.
Der Feind zieht sich zurück, wir verfolgen ihn«, lautete
die Strategie und Taktik der flexiblen Kriegführung, die
Mao Zedong formuliert hatte. In jener Zeit bewies er sich
auch als politischer Führer, der sowohl an die Spitze des
Revolutionären Militärrates als auch an die der Partei ge-
wählt wurde. Den Führungsgremien gehörten auch Deng
Xiaoping, Liu Shoqi, Zhu De und Lin Biao an – Persönlichkeiten, die später in der Volksrepublik China wichtige
Funktionen ausübten.

Der Marsch ging über tausende Kilometer und endete
nach 370 Tagen. Am 20. Oktober 1935 erreichten etwa
siebentausend Kämpfer Yan'an. Die meisten waren in
Gefechten gefallen, an Erschöpfung oder Krankheit ge-
storben. Gleichwohl hatte diese einzigartige militärische
Operation Widerstandsfähigkeit, Siegeswillen und politische Stärke demonstriert – das war der ideologische Kern
der Volksbefreiungsarmee (*rénmín jiĕfàngjūn*), wie sich
seit dem 1. Oktober 1949 die Rote Armee nannte. Der
Gegner – die neunzehn Divisionen der »Nationalrevo-
lutionäre Armee« (NRA) Tschiang Kai-scheks – war seit
den früheren dreißiger Jahre von Deutschland unterstützt
worden. Mit Waffen, Munition und mit Beratern, darunter Generaloberst Hans von Seeckt und General Alexan-
der von Falkenhausen, der noch 1953, in der Bundesrepublik lebend, für seine Beratungstätigkeit einen Scheck von
Tschiang Kai-schek erhalten sollte. Der war zwischenzeit-
lich nach Taiwan geflüchtet und hatte Ende 1949 dort die
»Republik China« proklamiert, die er bis zu seinem Tode
1975 als Präsident und Generalissimus diktatorisch be-
herrschte.

Militär im Museum

> Du wirst keinen Erfolg haben,
> wenn deine Männer nicht standhaft
> und im Willen geeint sind!
>
> *Sunzi in: »Die Kunst des Krieges«*

Zum 10. Geburtstag der Volksrepublik China wurden in Peking zehn öffentliche Gebäude errichtet, deren Architekten augenscheinlich auch von der sowjetischen Monumental-Bauweise angeregt worden waren. Am stärksten an den sogenannten Zuckerbäckerstil erinnert das Haus in der Fuxing-Straße Nr. 9, in dem sich das Militärmuseum der chinesischen Volksrevolution befindet. Es ist das größte und wichtigste Militärmuseum des Landes und zeigt 130 000 Exponate. Auf sieben Etagen sind diese unter den Themenkomplexen »Nordexpedition«, »Bauernkrieg«, »Widerstandskrieg gegen die japanische Aggression«, »Nationaler Befreiungskrieg«, »Waffensammlungen«, »Frühe Kriege« und »Moderne Kriege« zu besichtigen. Am meisten beeindruckt die etwa dreißigtausend Besucher, die Tag für Tag durch diese gewaltige Einrichtung laufen, die große Ausstellungshalle, in der Flugzeuge an der Decke schweben und Raketenspitzen in die Höhe ragen, vergleichbar dem National Air & Space Museum an der Independence Avenue in Washington.

Im Foyer grüßt ein überlebensgroßer Mao Zedong aus weißem Marmor, und ein Flügel im Hause ist der Ent-

Das Militärmuseum in der Fuxing-Straße Nr. 9 in Peking. Im Foyer steht ein überlebensgroßer Mao Zedong aus weißem Marmor.

stehungsgeschichte der Volksarmee gewidmet. Mit verständlichem Pathos und Selbstbewusstsein wird dort ein konstitutives Element des heutigen China gezeigt: in Bild und Text, mit Kunst und Karabinern.

Zum Auftakt ist eine Riesenplastik aus Terrakotta zu sehen, bestehend aus unzähligen bewaffneten Männern, die eine Speerspitze, einen Pfeil, gleichsam den Bug eines Schiffes bilden. Dazu zweisprachig der erklärende wie programmatische Text: »In der Zeit der Neuen Demokratischen Revolution führte die Kommunistische Partei Chinas (KPCh) die Volksarmee 22 Jahre lang unter großen Entbehrungen und Schwierigkeiten durch drei Etappen, darunter den Agrarrevolutionären Krieg, den landesweiten Widerstandskrieg gegen die japanische Aggression und den Befreiungskrieg. In diesen großartigen revolutionären Kriegen baute die KPCh die Volksarmee neuen Typs auf, eröffnete den revolutionären Weg, die Städte vom Land aus zu umzingeln und die Staatsmacht mit bewaffneten Kräften zu ergreifen, und setzte die Strategie und Taktik des Volkskrieges um. Schließlich besiegten die KPCh und die Volksarmee starke Feinde im In- und Ausland, errangen den großen Sieg der revolutionären Kriege Chinas und leiteten die Geburt der Volksrepublik China ein.«

Damit ist eigentlich alles gesagt: über die Bedeutung der Armee für die Bildung der Volksrepublik und über die Rolle der Partei in den Streitkräften.

Für Nichtchinesen muss man jedoch einiges erklären.

Die 22 Jahre sind die Zeitspanne zwischen Gründung der Roten Armee am 1. August 1927 und deren Umbenennung in Volksbefreiungsarmee am 1. Oktober 1949. Mit dem »Agrarrevolutionären Krieg« ist nicht etwa eine Art antifaschistisch-demokratische Bodenreform gemeint,

Im Entree der Ausstellungsräume, in denen an die 22 Jahre zwischen Gründung der Roten Armee und deren Umbenennung in Volksbefreiungsarmee mit verschiedenen Exponaten und Kunstwerken erinnert wird: eine riesige Plastik aus Terrakotta.

wie wir sie in Deutschland nach 1945 hatten, sondern – wie es auch in der bereits erwähnten »Historischen Resolution« heißt – der »Wechsel vom Angriff gegen Großstädte hin zum Vormarsch in ländliche Gebiete«. Das war die Schlussfolgerung aus dem mörderischen Vernichtungsfeldzug der Kuomintang auf die städtischen Stützpunkte der Kommunistischen Partei seit 1927. »Unter der Führung von Genosse Mao Zedong errichteten Armee und Volk im Jinggangshan-Gebirge das erste ländliche revolutionäre Stützpunktgebiet. Daraufhin leitete die Partei das Volk zur Niederschlagung der örtlichen Despoten und zur Verteilung des Bodens an«, führt die »Historische Resolution« aus.

Zu ebener Erde – auf der Exponate gezeigt werden, mt denen es hoch hinaufging: Jagdflugzeuge und Raketen (im Hintergrund)

Der »landesweite Widerstandskrieg gegen die japanische Aggression« umfasst im Wesentlichen den Zeitraum zwischen 1937 und 1945 und wird in den Geschichtsbüchern als der Zweite Chinesisch-Japanische Krieg bezeichnet. (Der Erste fand 1894/95 statt und wurde auf der Koreanischen Halbinsel ausgetragen. Er endete mit einer Niederlage des kaiserlichen Chinas, dem Verlust seiner Flotte, der chinesischen Insel Taiwan und der Mandschurei.)

Japan und Nazi-Deutschland hatten 1935 den Antikominternpakt geschlossen. Gemeinsam wollte man gegen die Kommunistische Internationale kämpfen. Dem Pakt schloss sich das faschistische Italien 1937 an.

Am 7. September 1937 lieferten sich japanische und Soldaten der Kuomintang an der Marco-Polo-Brücke südwestlich von Peking die ersten Gefechte, was als Beginn dieses Zweiten Chinesisch-Japanischen Krieges gilt. Die Führung der KP rief bereits am nächsten Tag *alle* Chinesen zum Widerstand gegen die japanischen Aggressoren auf. Diese waren militärisch zunächst erfolgreich und wüteten barbarisch in den eroberten Gebieten. Im Dezember 1937 ermordeten sie binnen drei Wochen in der Hauptstadt Nanking über 300 000 Chinesen, rund 20 000 Mädchen und Frauen wurden vergewaltigt. Dieses Kriegsverbrechen ging als »Massaker von Nanking« in die Geschichte ein. Im Januar 1938 erklärte Tokio seine Absicht, die Regierung von Tschiang Kai-schek auslöschen zu wollen. Der ließ, um die vorrückenden Truppen der Japaner aufzuhalten, die Dämme des Gelben Flusses aufbrechen. In den Fluten ertranken zwar nicht die japanischen Okkupanten, aber 890 000 Chinesen. Viertausend Dörfer und elf Städte wurden überflutet, zwölf Millionen Menschen wurden obdachlos.

Der Aufruf des ZK der KP Chinas zum gemeinsamen Widerstand gegen die Japaner hatte nur punktuell zu einer Zusammenarbeit zwischen der Roten Armee und der Kuomintang geführt, und die antifaschistische Front zerbrach endgültig 1941; Washington wie Moskau versuchten zu vermitteln – US-Präsident Roosevelt schickte einen Sondergesandten zu Tschiang Kai-schek, der moderieren sollte. Die einzigen, die von der Feindseligkeit zwischen Kuomintang und Kommunisten profitieren würden, seien die Japaner. Und Stalin richtete ein dringendes Telegramm an Mao Zedong, in dem er vor einem neuerlichen Aufflammen des Bürgerkriegs warnte. Allerdings waren die ideologischen Gegensätze zu groß, der Burg-

Die Schilfrohrgrabenbrücke (Marco-Polo-Brücke) von 1192, in der man wie in einem Geschichtsbuch lesen kann. Am 7. Juli 1937 begann hier mit einem Feuergefecht der Zweite Japanisch-Chinesische Krieg.

frieden hielt nicht lange. Zudem herrschte in der nationalistischen, antikommunistische Kuomintang auf allen Ebenen Korruption. Waffen und Nahrungsmittel wurden in großem Stil veruntreut, was die ohnehin schlechte Truppenmoral und die Ausrüstung der Soldaten weiter verschlechterte. Die USA unterstützten zwischen 1941 und 1945 die Kuomintang mit über fünf Milliarden Dollar, und angesichts der hochgradigen Korruption wollte das US-Finanzministerium die Zahlungen einstellen. Sie flossen aber weiter, als Tschiang Kai-schek damit drohte, mit Japan – das sich nach Pearl Harbor im Kriegszustand mit den USA befand – einen Separatfrieden zu schließen.

Leichen am Flussufer in Nanking nach dem japanischen Massaker. Nach dem Krieg wurden lediglich zwei Offiziere verurteilt: Sie hatten damit geprahlt, einige hundert Chinesen mit dem Schwert getötet zu haben.

Nicht ganz unbegründet bezeichnete die Führung der KP Chinas die Kuomintang als faschistisch.

Hingegen wuchsen seit 1937 der Einfluss und die Autorität der chinesischen Kommunisten auch nominell. Gehörten der Partei im Jahr des japanischen Einfalls etwa 100 000 Frauen und Männer an, zählte sie 1945 bereits über 1,2 Millionen.

Die Bilanz dieses Krieges: über zwanzig Millionen tote Chinesen, 95 Millionen Flüchtlinge, die materiellen Schäden lagen knapp unter 400 Milliarden Dollar …

Trotz der bedingungslosen Kapitulation des faschistischen Japans am 9. September 1945 kehrte kein Frieden ein. Die USA bestanden darauf, dass die Japaner sich ausschließlich den Truppen von Tschiang Kai-schek und nicht der Roten Armee Mao Zedongs ergaben, die Gespräche zwischen Mao und Tschiang Kai-schek im Frühherbst zeitigten keine Resultate, es wurde weitergekämpft. Und dass es sich nunmehr um einen Befreiungskrieg handelte, den die Rote Armee führte, zeigte sich allein daran, dass der ohnehin geringe Rückhalt der Kuomintang weiter schwand. Die Landreform-Versprechen der KP mobilisierten die Landbevölkerung (rund 300 Millionen besitzlose Bauern erhielten bis zum Beginn der fünfziger Jahre rund 47 Millionen Hektar Land sowie landwirtschaftliche Geräte, Vieh und Gebäude).

Die Zustimmung zu dieser populären Politik, die mit den überkommenen reaktionären Traditionen brach – verkörpert inzwischen durch die nationalistische, konservative Kuomintang –, verschärfte auf der anderen Seite deren Attacken. Die USA unterstützten die Kuomintang. Man brauchte sie und die Japaner, um die Kommunisten aufzuhalten, schrieb US-Präsident Truman über diese Zeit in seinen 1956 veröffentlichen Memoiren. Die USA gewährten 1946/47 der Kuomintang im »Kampf gegen den Kommunismus« Militärhilfen von 4,43 Milliarden Dollar, schickte rund 50 000 US-Soldaten ins Land und rüstete die Truppen von Tschiang Kai-schek massiv aus.

Im Juli 1946 griffen diese mit 1,6 Millionen Soldaten den Norden Chinas an, in dem die Kommunistische Partei regierte. Die verlegte sich zunächst auf »passive Verteidigung«, weil die Rote Armee militärisch unterlegen war. Doch das sollte sich im Laufe des Bürgerkrieges ändern. Die Rote Armee kämpfte tapfer und erfolgreich, fügte den Truppen der Kuomintang eine Niederlage nach der anderen zu und überschritt, wovor Stalin gewarnt hatte, auch den Jangtsekiang. Im Dezember 1949 – inzwischen war in Peking die Volksrepublik China ausgerufen und die Rote Armee in Volksbefreiungsarmee umbenannt worden – zog sich Tschiang Kai-schek mit etwa zwei Millionen Soldaten auf die chinesische Insel Taiwan zurück. Die Zerschlagung der wenigen auf dem Festland verbliebenen Widerstandsnester der nationalistischen Kuomintang war nur eine Frage von Wochen. In einer Geheimoperation hatte Tschiang Kai-schek knapp 120 Tonnen Gold auf die Insel bringen lassen, zudem ließ er Museen plündern und Kunstschätze nach Taipeh verbringen, wovon die Welt erst vierzig Jahre nach dem Tod Tschiang Kai-scheks 1975 erfuhr. Ein halbes Jahr nach dem Goldraub wurde auf der Insel eine neue Währung eingeführt, fast zeitgleich wie die D-Mark im Westen Deutschlands.

Mao Zedong hatte auf dem Platz des Himmlischen Friedens am 1. Oktober 1949 um 15 Uhr die formelle Gründung der Volksrepublik China erklärt. Die Kuomintang und die Regierung Tschiang Kai-schek haben »das Vaterland verraten, sich mit den Imperialisten verbündet und den konterrevolutionären Krieg angezettelt«, der das ganze chinesische Volk in bitteres Leid gestürzt habe, so Mao in seiner Rede. »Unsere Volksbefreiungsarmee, unterstützt von der ganzen Nation, hat heldenhaft und selbstlos gekämpft, um die territoriale Souveränität unse-

Von der Tribüne – zwischen dem Platz des Himmlischen Friedens und der Verbotenen Stadt, zwischen Vergangenheit und Zukunft – proklamierte Mao die Volksrepublik China. Dieses Bildnis hängt seit 1981 dort. Ein Vorgängermotiv wurde von dem US-Künstler Andy Warhol 1972 reproduziert und zur Ikone der westlichen Pop-Kultur gemacht. Dieser Siebdruck soll das weltweit am häufigsten gedruckte Bildnis eines Menschen sein.

res Vaterlandes zu verteidigen, das Leben und das Eigentum des Volkes zu schützen, das Volk von seinen Leiden zu befreien und für seine Rechte zu kämpfen, und sie hat schließlich die reaktionären Truppen vernichtet und die reaktionäre Herrschaft der nationalistischen Regierung gestürzt. Nun ist der Volksbefreiungskrieg im Wesentlichen gewonnen und die Mehrheit des Volkes im Lande ist befreit.«

Maos Rede schloss mit dem Bekenntnis, dass die neue Regierung – »die einzige rechtmäßige Regierung, die das gesamte Volk der Volksrepublik China vertritt« – willens sei, »diplomatische Beziehungen mit jeder ausländischen

Regierung aufzunehmen, die bereit ist, die Grundsätze der Gleichheit, des gegenseitigen Nutzens und der gegenseitigen Achtung der territorialen Integrität und Souveränität zu beachten«.

Danach fand – inspiriert von sowjetischen Truppenschauen auf dem Roten Platz in Moskau – die erste Militärparade der Volksrepublik statt. Daran nahmen 16 000 Soldaten und Offiziere teil …

Das alles lässt sich in jenem Militärmuseum in der Fuxing-Straße in Peking anhand vieler Dokumente, Bilder, Videos und Kunstwerke nachvollziehen.

Krieg in Korea, Krieg in Indochina und Rückeroberungsillusionen auf Taiwan

> Lege Köder aus, um den Feind zu verführen.
> Täusche Unordnung vor und zerschmettere
> ihn.
>
> *Sunzi in: »Die Kunst des Krieges«*

Kaum dass Tschiang Kai-schek mit anderen nationalistischen Führern auf Taiwan seine Diktatur errichtet hatte, war mit der Planung einer Invasion auf dem Festland begonnen worden. »Rotchina« sollte zurückerobert werden. Die Planungen liefen über anderthalb Jahrzehnte, kamen aber vorerst nicht zur Ausführung, weil die USA – auf deren Beistand Taiwan hoffte, schließlich war die »Republik China« mit deren Hilfe Mitglied der Vereinten Nationen und Ständiges Mitglied des UN-Sicherheitsrates geworden – sich militärisch selbst in Asien engagierte. Seit 1965 führten die USA Krieg gegen Nordvietnam. Und aus diesem selbstmörderischen Krieg kamen sie am Ende nur dadurch heraus, dass US-Präsident Richard Nixon auf Gut-Wetter in Peking machte, die diplomatische Blockade Chinas beendete und Taiwan als Teil der Volksrepublik akzeptierte. Das hatte zur Folge, dass bis auf den heutigen Tag nur vierzehn Staaten die »Republik Taiwan« als eigenständigen Staat anerkennen, selbst die USA brachen 1979 die diplomatischen Beziehungen ab. Gemäß der Resolution 2758 der UN-Generalversammlung – die

Die Volksrepublik China, seit 1971 einzig legitimer Vertreter Chinas bei den Vereinten Nationen, beteiligt sich seitdem auch an Blauhelmmissionen der UNO

am 25. Oktober 1971 mit einer Zweidrittelmehrheit beschlossen wurde – ist die Volksrepublik der »einzige legitime Vertreter Chinas bei den Vereinten Nationen«, die »Vertreter von Tschiang Kai-schek« wurden laut dieser Resolution aus der UNO »entfernt«.

Gleichwohl spielte und spielt Taiwan in der Strategie der USA unverändert eine wichtige Rolle. Nicht zuletzt wegen seiner geografischen Lage unmittelbar vor dem chinesischen Festland – die Wasserstraße zwischen Insel und Festland ist an ihrer schmalsten Stelle nur 150 Kilometer breit – ist es ein militärischer Brückenkopf.

Unmittelbar nach der Proklamation der Volksrepublik hatten die USA die abtrünnige Insel militärisch auf- und auszurüsten begonnen. Insbesondere lieferten sie Landungsfahrzeuge, Fregatten und Zerstörer und bauten in den fünfziger Jahren die Marine aus. Die Amerikaner definierten damals auch Taiwans Luftüberwachungszone und fixierten in der Mitte der Straße von Taiwan eine »median line«, die von beiden Seiten weder zu Wasser noch in der Luft passiert werden durfte.

In den sechziger Jahren, während des Vietnam-Krieges, stationierten die Vereinigten Staaten weitere Truppen auf der Insel. An der Präsenz und der militärischen Unterstützung änderte sich in den folgenden Jahrzehnten nichts. 1979 verpflichtete sich die USA im sogenannten *Taiwan Relations Act* zur Lieferung von Rüstungsgütern in jeder Menge. Mit der strategischen Wende Washingtons und der Konzentration auf den indopazifischen Raum – Obamas »Pivot to Asia« 2012 – wurde die Unterstützung massiv verstärkt. Dabei geht es nicht nur um geostrategische, sondern auch um wirtschaftliche Interessen. Taiwan ist der weltweit größte Hersteller von Halbleitern, 2020 kamen sechzig Prozent aller weltweit in elektronischen Geräten, Autos und Waffensystemen verbauten Halbleiter von taiwanischen Unternehmen. »Insbesondere die amerikanische Tech-Branche ist stark von den taiwanischen Chip-Herstellern abhängig«, schrieb die *Neue Zürcher Zeitung* am 12. Juni 2022. Wichtigster Handelspartner Taiwans aber ist – trotz des politischen und militärischen Konflikts – die Volksrepublik China.

Das ist wohl auch einer der wesentlichen Gründe, weshalb gegenwärtig die USA nicht an einer Zuspitzung der Konfrontation interessiert sind. Als US-Präsident Biden bei einer Asien-Reise Ende Mai 2022 erklärte, die USA würden Taiwan in einem Krieg auch militärisch verteidigen, dazu sei man verpflichtet, ruderte umgehend das Au-

Im Korea-Krieg (1950–1953) kämpften starke Freiwilligenverbände aus China und drängten die Aggressoren, die die chinesische Grenze bedrohten, bis zum 38. Breitengrad zurück. Das Bild zeigt chinesische Stellungen.

ßenministerium in Washington zurück. Nein, ein direktes Eingreifen der USA sei nicht vorgesehen … Das mindert zwar nicht die Gefahr einer Eskalation der Spannungen in dieser Region, aber macht deutlich, dass sich die USA der Konsequenzen bewusst sind.

Anders noch zu Beginn der fünfziger Jahre, auf der koreanischen Halbinsel. Seit 1910 herrschte dort das kaiserliche Japan als Kolonialmacht, während des Zweiten Weltkrieges waren die faschistischen Okkupanten von der Antihitlerkoalition vertrieben worden. Wie in Deutschland waren eine sowjetische und eine amerikanische Besatzungszone entstanden, aus der sich im Zuge des beginnenden Kalten Krieges zwei Staaten entwickelten. Südkorea war am 15. August 1948, die Demokratische Volksrepublik Korea im Norden am 9. September 1948 gegründet worden; Geburtshelfer waren die USA bzw. die UdSSR. Beide Staaten empfanden die Teilung als künstlich und widernatürlich und versuchten diese zu überwinden, indem man den jeweils anderen Teil von seiner Fremdherrschaft meinte befreien zu müssen. Die von den USA geführte und mit UNO-Mandat ausgestattete Militärkoalition stieß bis zur chinesischen Grenze nach Norden vor – was nicht von der Resolution 85 des UN-Sicherheitsrates gedeckt war. Das führte dazu, dass Freiwilligenverbände aus der Volksrepublik China den nordkoreanischen Einheiten zu Hilfe eilten und die ausländischen Truppen bis etwa zum 38. Breitengrad zurückdrängten. Nach langwierigen Verhandlungen wurde 1953 ein Waffenstillstand vereinbart und die Demarkationslinie als Grenze festgelegt. Es gibt noch immer keinen Friedensvertrag, noch immer ist das Land geteilt, noch immer sind US-Soldaten in Südkorea stationiert – die chinesischen Truppen hingegen verließen 1958 das Land.

In diesem Krieg starben etwa viereinhalb Millionen Menschen, darunter fast zweihunderttausend chinesische Soldaten und Offiziere. Die US Air Force warf etwa eine halbe Million Tonnen Bomben ab, dazu mehr als dreißigtausend Tonnen Napalm. 18 der 22 größten Städte Nordkoreas wurden vollständig oder zur Hälfte vernichtet. In der antikommunistischen Hysterie wurden zahllose Kriegsverbrechen begangen. In Südkorea wurden etwa hunderttausend Menschen – Frauen, Männer, Kinder, Greise – ermordet, weil sie im Verdacht standen, mit dem kommunistischen Nordkorea zu kooperieren.

Bis 2001 wies die US-Regierung jeden Vorwurf, an Kriegsverbrechen und der Verletzung von Menschenrechten in Korea beteiligt gewesen zu sein, entschieden zurück.

Im Pekinger Militärmuseum wurde im Oktober 2020 eine Sonderausstellung von Staats- und Parteichef Xi Jinping eröffnet, die an den 70. Jahrestag des Eintritt Chinas in den Korea-Krieg erinnerte. Bekanntlich war das nicht nur der erste heiße Krieg im globalen Kalten Krieg, sondern auch der erste Verteidigungskrieg der Volksrepublik, die ihre Grenze offensiv schützte. Man habe damals mit der »Sprache der Invasoren« sprechen müssen, erklärte Xi, habe den »Krieg mit Krieg bekämpfen« müssen und sich »Frieden und Respekt mit einem Sieg« verdient.

Welch große politische Bedeutung Peking diesem ersten internationalen Engagement beimisst, machte die »Historische Resolution« vom 11. November 2021 deutlich. Dort hieß es dazu in pathetischer Überhöhung, aber durchaus zutreffend: »Die Chinesischen Volksfreiwilligen überquerten voller Mut und Stolz den Yalu-Fluss und kämpften Schulter an Schulter mit der koreanischen Bevölkerung und Armee. Letztlich gelang es ihnen, den bis an die Zähne bewaffneten starken Feind zu besiegen, was die Würde unserer Armee und unseres Landes sowie auch die mentale Stärke des chinesischen Volkes bewies. Dieser große Sieg im Krieg zum Widerstand gegen die US-Aggression und zur Hilfe für Korea verteidigte die Sicherheit des Neuen Chinas und unterstrich Chinas Stellung als großer Staat. Es gelang der Volksrepublik, in einem verwickelten und komplizierten inländischen wie internationalen Umfeld auf festen Füßen zu stehen.«

Zum »internationalen Umfeld« gehörte auch der sogenannte Indochinakrieg. Die Kolonialmacht Frankreich

Veteranen des ersten Verteidigungskrieges der Volksrepublik China werden nach siebzig Jahren in Peking in der Halle des Volkes gefeiert. Anders als in den USA, die 37000 Soldaten in Korea verlor, ist die Erinnerung an diesen Krieg in China sehr lebendig. Bei der Gedenkveranstaltung im Oktober 2020 meinte Xi mit Blick auf die USA: »Alle Bemühungen, die Hegemonie und Gängelung zum Ziel haben, werden einfach nicht klappen. Es wird nicht nur nicht funktionieren, sondern auch in einer Sackgasse enden.«

kämpfte dort seit 1946 gegen die Viet Minh, die *Liga für die Unabhängigkeit Vietnams,* die unter der Führung der Kommunisten für die Unabhängigkeit des ganzen Landes stritt. Am 2. September 1945 hatte Ho Chi Minh in Hanoi die Demokratische Republik Vietnam im Norden ausgerufen, was die Kolonialmacht Frankreich veranlasste, im Süden ein pro-französisches Regime zu installieren und mit Fremdenlegionären offensiv gegen Hanoi und die Viet Minh vorzugehen. Dieser sogenannte Erste

Im Golf von Tonkin inszenierten die USA 1964 einen Anlass, um Nordvietnam angreifen zu können: Der Zerstörer USS Maddox drang in die 12-Seemeilen-Zone, also in die Hoheitsgewässer Vietnams, ein. Drei vietnamesische Schnellboote hätten darauf das Schiff mit Waffengewalt abzudrängen versucht – angeblich seien Torpedos verschossen worden. Daraufhin eröffnete das US-Kriegsschiff das Feuer und rief den Flugzeugträger USS Ticondera, dessen Flugzeuge die drei Boote versenkten. Die USA logen: Erstens bestritten sie, in Vietnams Gewässer eingedrungen zu sein, und zweitens behaupteten sie wahrheitswidrig, dass Torpedos auf ihr Schiff abgefeuert wurden. Und drittens musste man fragen: Woher kam so schnell der Flugzeugträger, um die Boote zu versenken?

Indochinakrieg endete nach acht Jahren mit einer Friedenskonferenz in Genf 1954. Sie war maßgeblich mit der Unterstützung der Volksrepublik China zustande gekommen, die sich seit ihrer Gründung im Norden Vietnams solidarisch engagiert hatte.

Auf der anderen Seite wurde die Kolonialmacht Frankreich von den USA unterstützt. Wie Experten meinten, sei Frankreich bereits 1952 aus eigener Kraft nicht mehr imstande gewesen, diesen Krieg zu führen. Die Aufwendungen der letzten beiden Kriegsjahre von etwa 4,5 Milliarden Dollar seien zur Hälfte von den USA getragen worden.

Schon ein Jahr nach diesem Krieg, der mit der formalen Teilung des Landes endete, flammte ein neuer in Vietnam auf. Im Süden, das von einem antikommunistischen und von den USA gestützten Regime beherrscht wurde, formierte sich eine Nationale Front für die Befreiung, von den USA als »Vietcong« bezeichnet. Die alten Kolonialmächte fürchteten einen sogenannten Dominoeffekt – dass nämlich nach China, Nordkorea und Nordvietnam auch andere Regionen im Widerstand ihre nationale Selbstbestimmung erlangen könnten.

Die Kämpfe in Südvietnam eskalierten und wurden 1964 ausgeweitet. Die USA inszenierten einen Kriegsgrund im Golf von Tonkin, um Nordvietnam anzugreifen und »in die Steinzeit zurückzubomben«, wie aus Washington verkündet wurde. In diesem Krieg verübten die USA Kriegsverbrechen in großer Zahl. Das von ihnen als Chemiewaffe eingesetzte Agent Orange hinterließ Tote und Geschädigte in Millionenhöhe. Dank des patriotischen Widerstandes der Vietnamesen und der internationalen Solidarität kam es 1973 zunächst zu einem Waffenstillstand mit Nordvietnam und 1975 zur Befreiung des ganzen Landes; das wieder vereinigte Land agiert seither als Sozialistische Republik Vietnam auf der Weltbühne.

Die heute fast 100 Millionen Vietnamesen blicken auf eine Geschichte von mehr als 2100 Jahren zurück, die Hälfte davon aber als Teil der chinesischen Han-Dynastie. Erst seit dem 10. Jahrhundert geht man eigene Wege, Ende des 19. Jahrhunderts war Vietnam französische Kolonie geworden.

An der chinesisch-indischen Grenze

Im Frühjahr 1979 kam es an der Grenze zwischen China und Vietnam zu einem Konflikt, über den beide Seiten bis heute nur ungern sprechen. Unmittelbarer Anlass waren wechselseitige Grenzprovokationen, die sogar den UN-Sicherheitsrat beschäftigten. Tatsächlich war es wohl eine Drohgebärde an die Adresse Hanois, das zu Beginn des Jahres in Kambodscha das verbrecherische Pol-Pot-Regime gestürzt und dort eine Marionettenregierung eingesetzt hatte. China sah daraufhin seine Interessen in der Region verletzt und handelte. Die versuchte Invasion in Vietnam endete binnen drei Wochen mit einem Desaster. Die schlecht ausgerüsteten und kaum ausgebildeten Soldaten der Volksbefreiungsarmee erlitten dramatische Verluste, deren Höhe bis heute ein Staatsgeheimnis ist – auf beiden Seiten. Inoffizielle Schätzungen gehen von etwa 130 000 Toten und Verletzten aus, kompetente Militärs meinen, es wären drei Mal so viele gewesen.

2001 wurde der Streit über den Grenzverlauf zwischen der Sozialistischen Republik Vietnam und der Volksrepublik China vertraglich endgültig beigelegt, nachdem bereits 1991 die diplomatischen Beziehungen zwischen beiden Staaten wieder aufgenommen worden waren.

China hat mit keinem seiner Nachbarn auf dem Festland offene Grenzfragen oder Konflikte. Und über den Verlauf der Seegrenze im Südchinesischen Meer wird mit den Anrainern verhandelt. Die Auseinandersetzungen an der chinesisch-indischen Grenze in der Hochlandregion am Westrand von Tibet haben beide Seiten dadurch entspannt, indem sie an dieser Stelle ihre Grenzposten nicht mit Waffen, sondern mit Knüppeln ausstatteten.

Anspruch und Wirklichkeit

> Führerschaft ist eine Sache der Intelligenz,
> der Glaubwürdigkeit, der Menschlichkeit, des
> Mutes und der Strenge. Jeder General hat von
> diesen fünf Dingen bereits gehört. Jene, die
> sie beherrschen, werden triumphieren; jene,
> die sie nicht beherrschen, werden scheitern.
>
> *Sunzi in: »Die Kunst des Krieges«*

Seit 2006 erscheint in jedem Jahr eine analytische Über-
blicksdarstellung von mehr als 142 Militärmächten,
mithin: Es ist ein diesbezügliches Ranking, das nahezu
alle Staaten dieser Erde einschließt. Die Untersuchung
der neutralen *GlobalFirepower* (GFP) erfasst über fünf-
zig Einzelfaktoren – diese reichen von der militärischen
Stärke und Finanzkraft bis hin zu logistischen Fähigkeiten und der geografischen Lage. Daraus wird der sogenannte *PowerIndex* errechnet, wodurch selbst kleinere,
technologisch aber fortgeschrittene Nationen mit größeren, jedoch ökonomisch nicht sonderlich potenten Staaten verglichen werden können. Das GFP-Ranking zeigt
die potenzielle Fähigkeit jeder Nation, einen Krieg zu
Lande, zu Wasser und in der Luft mit konventionellen
Mitteln führen zu können.

Natürlich ist das nur Theorie, die aber angesichts der
wachsenden internationalen Instabilität durchaus eine
Orientierung liefert. Wie eben auch das Zitat des Philo-

sophen und Friedensaktivisten Bertrand Russell, das der Homepage der GFPTM vorangestellt ist: »War does not determine who is right – only who is left« – ein Krieg zeigt nicht, wer Recht hat, sondern wer links ist. Damit brachte die Gallionsfigur des Pazifismus, obgleich der britische Literaturnobelpreisträger Russell selbst kein Pazifist war, klar zum Ausdruck, woran sich die Geister in der Friedensfrage scheiden.

Im GFP-Ranking 2022 belegten die USA, wen überrascht es, Platz 1 mit einem PowerIndex von 0.0453, am Ende der Liste auf Platz 142 rangiert Island (PowerIndex 78.6623). Deutschland liegt mit einem PowerIndex von 0.2322 auf Rang 16 – vor Australien und Israel und nach Iran und Indonesien.

Auf Platz 2 hinter den USA befindet sich Russland (0.0501), gefolgt von China (0.0511), Indien (0.0979), Japan (0.1195) und Südkorea (0.1261). Inwieweit diese Angaben belastbare Urteile oder Prognosen über militärische Erfolge oder Niederlagen gestatten, zeigt der gegenwärtige Krieg in der Ukraine. Das vom Westen massiv unterstützte Land befindet sich auf Platz 22 (PowerIndex 0.3266).

Die Volksrepublik China veröffentlicht in regelmäßigen Abständen in einem sogenannten Weißbuch Angaben über Aufwendungen, Entwicklungen und Perspektiven ihrer Streitkräfte. Das letzte zu Chinas Militärstrategie am Beginn der 2020er Jahre trägt den beziehungsreichen Titel »Chinas Landesverteidigung im neuen Zeitalter«, womit die wesentlichen Prämissen genannt sind: Es geht um den Platz Chinas in der sich neu entwickelnden Weltordnung, und es geht um die Verteidigung der nationalen Interessen.

Dieses Mitte 2019 veröffentlichte Weißbuch ist das zehnte, das seit 1998 erschienen ist. Neutrale Fachleute

Ein Angehöriger der chinesischen Luftlandetruppen bei der Ausbildung

schätzen ein, dass die darin wiedergegebene militärpolitische Entwicklung der Streitkräfte Chinas sowie die Beschreibung der außen- und sicherheitspolitischen Aktivitäten »hinreichend realistisch« seien – selbst wenn man die Standpunkte der chinesischen Führung nicht teile.

Die deutsche Öffentlichkeit nahm, wie gewohnt, sowohl von der 4. Tagung des ZK der KP Chinas als auch von der nahezu zeitgleichen Publikation des Weißbuches keine Notiz – obgleich dort eine Reihe neuer Akzente gesetzt worden war. Durch das beachtliche ökonomische Wachstum der Volksrepublik im verflossenen Jahrzehnt und damit der weiteren Zunahme ihres Gewichts auf der Weltbühne hatte sich das geopolitische Kräfteverhältnis verändert. Diese Entwicklung hatten die USA seit Langem durch verschiedene Maßnahmen zu bremsen versucht, aufhalten oder gar verhindern ließ sie sich

Raketentruppen im Manöver – Rakete vor bizarrer Kulisse fertig zum Start

nicht. Unter Präsident Obama war die stärkere Hinwendung zum indopazifischen Raum erfolgt, sein Nachfolger Trump hatte die strategische Neuausrüstung der USA forciert und den Wirtschaftskrieg mit Strafzöllen und Sanktionen erklärt. Das belastete bereits vor der Corona-Pandemie die chinesische Wirtschaft schwer; das Wachstum des Bruttoinlandsprodukts ging von etwa elf auf sechs Prozent zurück. Sechs Prozent Zuwachs beim BIP allerdings waren und sind mehr als beachtlich, und China erzeugt nächst den USA noch immer das größte Bruttoinlandsprodukt der Welt (17 458 Milliarden Dollar 2021 – USA 22 997 Milliarden; Deutschland 3570 Milliarden). Trotzdem hinterließen die restriktiven Maßnahmen der USA gegen die wichtigsten Konkurrenten spürbare Spuren. Darauf reagierte die chinesische Führung innen- wie außenpolitisch.

Innenpolitisch mit der Festigung der Staatsmacht, deren tragende Elemente sowohl die Kommunistische Partei als auch die Streitkräfte sind. Und natürlich mit der Mobilisierung der Ökonomie, was die stärkere Kontrolle der privaten Wirtschaft zwingend einschließt wie auch die Konzentration auf den Binnenmarkt. »China First« richtet sich – im Gegensatz zum expansiven »America First« – auf die Hebung des nationalen Wohlstandes durch eigene Anstrengung, auf die Konzentration von Schlüsseltechnologien und die Verbesserung der Verwaltung. Die einsetzenden Maßnahmen waren natürlich politisch-ideologisch konnotiert, wie auch die wiederholt schon zitierte »Historische Resolution« von 2021 unterstrich – und wie es auch der nächste Parteitag deutlich machen wird.

Außenpolitisch hatte jene ZK-Tagung im November 2019 bewusst gemacht, dass die Volksrepublik China geopolitisch nicht mehr eine Figur auf dem Schachbrett sein wollte – dieses Bild hatte bekanntlich der ehemalige US-Sicherheitsberater Brzezinski in das politische Vokabular eingeführt –, sondern Schachspieler. Und am Brett sitzen nachweislich immer nur zwei.

An der Kooperationswilligkeit der Chinesen – siehe Neue Seidenstraße – ändert das nichts, im Gegenteil. China braucht und sucht den Frieden, um seine ehrgeizigen innenpolitische Ziele realisieren zu können, es braucht Ruhe im Innern und stabile Außenbeziehungen. Eine konfrontative Außenpolitik, wie sie etwa von den USA oder von den mit ihr verbündeten Staaten verfolgt

Einheiten der Volksbefreiungsarmee bei einer Militärübung im Westen des Landes

wird, ist ihnen fremd. Dies widerspricht den traditionellen Werten und Vorstellungen, die auf Konfuzius und den Buddhismus gründen. China zieht die friedliche Koexistenz dem Bedürfnis vor zu missionieren. Chinesen wollen – im Unterschied zum Westen, der seit Kolumbus die Welt missioniert – keinem ihre Sicht, ihre Art zu leben aufnötigen. Zumal sie ihre historisch gewachsene Gesellschaft nicht als Muster oder Modell für andere Gemeinschaften sehen. Sie lassen, einfach gesprochen, andere Nationen in Ruhe – wie sie eben auch von anderen in Ruhe gelassen werden möchten.

Alle Versuche, sich in ihre inneren Angelegenheiten einzumischen, werden darum selbstbewusst und angemessen zurückgewiesen.

Und einer wachsenden militärischen Bedrohung begegnen sie folglich auch mit militärischen Mitteln.

Peking verfolgt eine Doppelstrategie – Chinas Führung setzt sowohl auf den politischen Dialog als auch auf militärische Abschreckung. Und die ist nun mal defensiv, nicht aggressiv. Dabei lässt man sich nicht auf einen Rüstungswettlauf ein wie seinerzeit die Sowjetunion. Man entwickelt und produziert neben konventioneller Militärtechnik zwar auch Flugzeugträger, Überwasserschiffe und U-Boote, Atomsprengköpfe und Interkontinentalraketen, Hyperschallwaffen und Drohnen – doch man schafft sich davon nur soviel an, wie unbedingt nötig. In Waffenarsenalen liegt nur totes Kapital, und anders als bei kapitalistischen Rüstungskonzernen und deren Aktionären, die jeden Krieg und jede neue Rüstungsrunde begeistert feiern, weil ihnen das Profite beschert, weiß Chinas Führung sehr wohl: Die Zeche zahlen immer die »kleinen Leute«. Doch sie ist angetreten, den Wohlstand der »kleinen Leute« zu mehren. So wie es Konfuzius formulierte: »Auch eine Großmacht lässt sich nach ganz einfachen Prinzipien in geordnetem Zustand halten: sorgfältigste Erledigung aller Arbeiten und Zuverlässigkeit, Sparsamkeit in den Mitteln und Interesse für die Menschen.« Die Militärausgaben sind an die Entwicklung des Bruttoinlandsprodukt gekoppelt, und da dies seit Jahren stetig steigt, können auch die notwendigen Aufwendungen für die Landesverteidigung erhöht werden. Im globalen Durchschnitt gaben 2021 die Staaten 2,2 Prozent ihres Bruttoinlandsproduktes fürs Militär aus, die Volksrepublik China liegt mit 1,7 Prozent darunter. Spitzenreiter ist Saudi Arabien mit 6,6 Prozent, gefolgt von Israel (5,2), Russland (4,1) und den USA (3,5). Insofern ist es reichlich demagogisch, wenn mit den absoluten Zahlen operiert wird. Da wendet natürlich die zweitstärkste Wirtschaftsmacht mehr auf als die meisten anderen Staaten – und trotzdem ist es lediglich ein Drittel dessen, was die USA Jahr um Jahr für Rüstung ausgeben.

Die chinesische Partei, auch wenn sie sich auf Marx und die anderen kommunistischen Theoretiker Europas beruft und diese adaptiert, folgt einer Jahrtausende alten Denkschule. Sie funktioniert nicht, weil sie so alt ist, sondern weil sie es vermocht hat, die Veränderungen in der Welt aufzunehmen. Die Mischung aus Beharrungs- und Anpassungsvermögen macht ihre Stärke aus. Und deren Verinnerlichung bei Millionen und Abermillionen Menschen.

So wird auch dieser Umbruch erfolgreich gemeistert. Denn Pekings Führung um Xi Jinping ist dazu verdammt. Versagt sie, wird sie aus dem Amt getrieben. Und nur dann. Gegenwärtig jedoch ist die Zustimmung im Volke sehr hoch. Auch darum »sollte der Westen gegenüber China nicht mit Unterstellungen von Expansionsgelüsten und Weltbeherrschungsabsichten« operieren, warnte die *Neue Zürcher Zeitung* am 6. Juli 2021. »Militarisierung und Kriegstreiberei ist das Letzte, für das sich die Menschen in China begeistern können.«

Im Kampf für die nationale Integrität

> Siegen wird der, dessen Armee in allen
> Rängen vom gleichen Geist beseelt ist.
>
> *Sunzi in: »Die Kunst des Krieges«*

Die Zentrale Militärkommission (ZMK) mit ihren fünf-
zehn Abteilungen ist das höchste militärische Führungs-
organ des Landes. Zwar gibt es auch ein Verteidigungsministerium in Peking, doch das erfüllt im Wesentlichen
repräsentative und administrative Aufgaben. Die ZMK
entstand bereits Mitte der zwanziger Jahre. In diesem
Gremium wurden die militärische und die politische
Führung vereint, es ist heute zugleich ein Partei- und ein
Staatsorgan, sowohl das Oberkommando der Volksbefreiungsarmee, der Volksmiliz und der Bewaffneten Volkspolizei als auch das politische Führungsinstrument der
Streitkräfte. Die nachgeordneten sieben Militärbezirke
wurden bei der Militärreform 2016 in fünf Kriegszonen
umstrukturiert.

Nach Einschätzung der chinesischen Strategen liegt
das Niveau ihrer Streitkräfte hinter dem Niveau »der
führenden Weltmächte« noch zurück. Bis zur Mitte des
Jahrhunderts werde man aber die Volksbefreiungsarmee
vollständig rekonstruiert und zur modernsten Streitkraft
entwickelt haben. Aber nicht um ihrer selbst willen, sondern weil die Landesverteidigung von globaler Bedeutung
ist. Ein militärisch starkes China ist eine tragende Säule

für den Weltfrieden, für Stabilität und eine Weltgemeinschaft mit gemeinsamer Zukunft, heißt es. »Wir werden niemanden angreifen, aber wenn wir angegriffen werden, werden wir entschieden zurückschlagen.« Und China hat erklärt, zu keiner Zeit und unter keinen Umständen als Erster Kernwaffen einzusetzen, und man werde auch keinem Staat oder einer Region, die keine Nuklearwaffen besitzen, mit dem Einsatz solcher Waffen drohen. Und ferner erklärte China einem atomaren Wettrüsten eine Absage. Man werde die Kernwaffen »auf minimalem Niveau« halten, das man für Chinas Sicherheit für erforderlich hält.

Zum Verständnis: Weltweit existieren 12 705 nukleare Sprengköpfe, die sich auf neun Staaten verteilen. Russland (5977) und die USA (5428) haben daran den Löwenanteil, China besitzt 350 und rangiert damit bereits auf Platz 3.

Die wiederholt gemachte Ansage, die Nuklearwaffen nicht als Erster einsetzen zu wollen und auch niemandem damit zu drohen, wie es in jüngster Zeit von Dritten wieder geschehen ist, hat fundamentale Bedeutung und spricht für die Souveränität und das gewachsene Selbstbewusstsein dieses Landes.

China hat 22 000 Kilometer Grenze auf dem Festland, und die Seegrenze zieht sich über 18 000 Kilometer hin – zusammen ist das Äquatorlänge. Diese Grenze kann schon aus objektiven Gründen nicht so gesichert werden wie etwa die Staatsgrenze West der DDR. Die beste Grenzsicherung besteht nun mal im friedlichen Einvernehmen mit den Nachbarn. Da hat die chinesische Führung aus den Konflikten mit der Sowjetunion, mit Vietnam und Indien schmerzlich gelernt. Mit zwölf Nachbarstaaten wurden diesbezügliche Verträge ge-

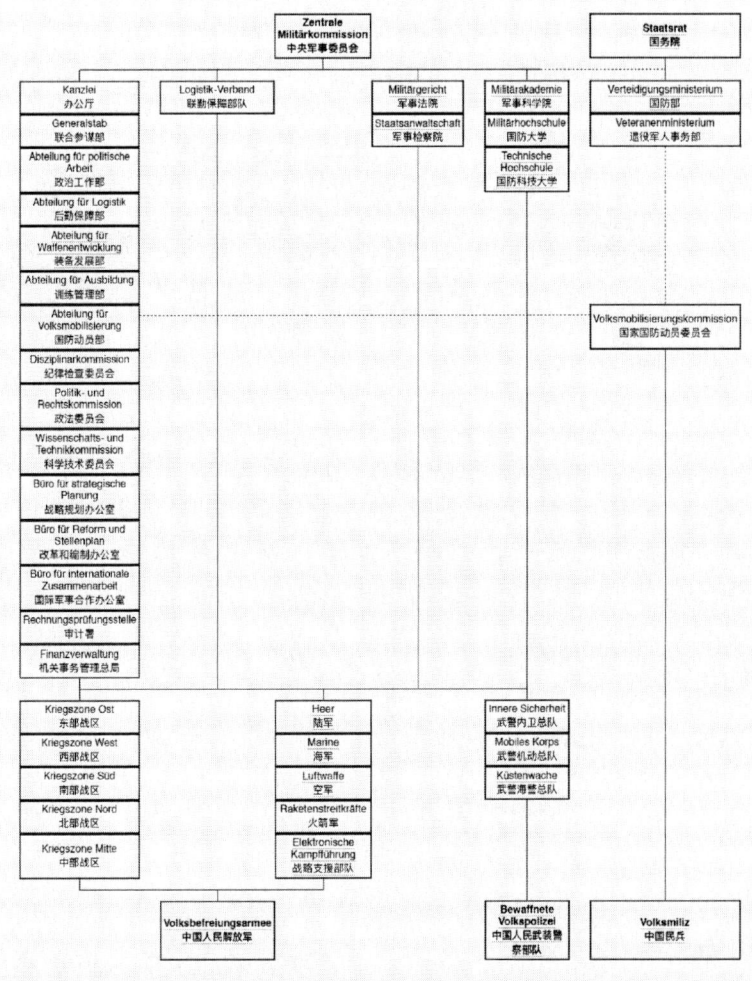

Die politisch-organisatorische Struktur der bewaffneten Kräfte in der Volksrepublik China. An der Spitze steht die Zentrale Militärkommission.

Auf diesen traditionellen drei Säulen steht die Volksbefreiungsarmee –
Heer, Marine und Luftstreitkräfte. Denkmal vorm Militärmuseum in
Peking

schlossen, es gibt Mechanismen des Grenzregimes und
gegenseitige Konsultationen auf drei Ebenen. Seit 2012,
seit Xi Jinping Staats- und Parteichef ist, gab es mehr als
8100 Arbeitstreffen mit ausländischen Partnern, fanden
bilaterale Übungen und Patrouillen statt, um die Grenzen
sicherer zu machen. Grenzkonflikte – ob inszeniert oder
real – waren und sind, das lehrt uns die Geschichte hinreichend, oft Ausgangspunkte für Krieg gewesen. Deshalb
konzentriert sich die Volksrepublik auf die Befriedung
ihrer Grenzen.

Komplizierter als auf dem Lande ist die Lage im Ost-
und im Südchinesischen Meer sowie im Gelben Meer.
Dort ist man bestrebt, wie in den anderen Regionen auch,
ein Frühwarnsystem zu entwickeln. Eingebunden darin
die Luftverteidigung und die Luftaufklärung sowie natür-

lich die Seestreitkräfte, die in internationalen Gewässern operieren und die Handelsrouten schützen.

China hat auf die potenzielle Gefährdung und Bedrohung von der Seeseite in dreifacher Weise reagiert. Zum einen wurden industrielle Zentren, die sich traditionell an der Küste befinden – von Dalian im Norden bis Hainan im Süden – zwar nicht verlegt, aber neue werden vorrangig nur noch im Landesinnern errichtet, etwa in der Provinz Xinjiang. Und es werden – auch im Rahmen der Neuen Seidenstraße – alternative Transportrouten zu den traditionellen Seewegen entwickelt.

Zum zweiten setzt China der militärischen Einhegung durch die USA – die der Containment-Politik im Kalten Krieg gegen die Sowjetunion gleicht – die Verstärkung seiner eigenen Seestreitkräfte entgegen. Wie eine Perlenkette ziehen sich die Stützpunkte der USA und ihrer Verbündeten von Südkorea über Japan, Taiwan, die Philippinen, über Vietnam, Thailand, Singapur bis nach Indonesien und Indien. Von dort operieren die gegnerischen Kräfte, deren Bewegungen von den chinesischen Streitkräften aufmerksam verfolgt werden.

Und drittens schließlich nutzt China kleine Inseln und Riffe, um sein elektronisches Frühwarnsystem auszubauen, um Stützpunkte zu schaffen und Abwehrsysteme zu installieren. Die US Navy – insgesamt etwa dreihundert Kriegsschiffe und etwa 342 000 Soldaten – operiert weltweit, die 6. und die 7. Flotte, die beiden stärksten Verbände, sind im Indischen Ozean und im Pazifik, unmittelbar vor der Küste Chinas, unterwegs. Zur 7. Flotte, der größten, gehören 50 bis 60 Überwasserschiffe, 350 Flugzeuge und rund 60 000 Mann. Nach Obamas »Pivot to Asia« kamen noch weitere Zerstörer und amphibische Fahrzeuge hinzu. Darüber hinaus belebten die USA ih-

Unsinkbare Flugzeugträger: Die Volksrepublik baut auf den ihrer Küste vorgelagerten Inseln Landebahnen und Stützpunkte auf, um sich vor Angriffen von See zu schützen. Hier eine befestigte Spratly-Insel

ren Militärpakt QUAD mit Japan, Australien und Indien, und sie sagten 2021 Australien die Lieferung von Atom-U-Booten zu, nachdem Washington den Verbündeten Frankreich aus dem Geschäft geworfen hatte. Neben den permanent stationierten US-Truppen in Japan (Okinawa 35 000 Soldaten und 130 Kampfjets) und Südkorea (45 000 Soldaten) wurde ein Flugzeugträger-Kampfverband dauerhaft ins Gelbe Meer beordert …

Das alles führte dazu, dass China sich veranlasst sah, auf den Paracel- und den Spratly-Inseln sowie auf dem Scarborough-Riff Hafenanlagen, Flugzeuglandebahnen und Versorgungsstationen anzulegen. Auch andere Anrainerstaaten wie die Philippinen, Vietnam und Malaysia unterhalten vergleichbare Einrichtungen in der Region. Doch aufgrund der Tatsache, dass die Territorialfrage augenscheinlich umstritten ist, ist es auch die militärische und zivile Nutzung der Inseln. Peking strebt seit Jahren einvernehmliche Lösungen auf bilateraler Basis an.

Auf die Spratly-Inseln – über einhundert weit im Süd-chinesischen Meer verstreut liegende Riffe, Atolle und winzige Inseln, von denen lediglich vierzig bewohnt sind – erheben China und Taiwan, Vietnam, die Philippi-nen, Malaysia und Brunei Anspruch und betreiben dort, Brunei ausgenommen, eigene Stützpunkte. Die Volksre-publik stationierte Ende 2018 auf drei Inseln – von den 21, die sie kontrolliert – Raketen und Marschflugkörper.

Die Auseinandersetzungen um diese und die ande-ren Inseln wären schon längst friedlich-schiedlich zwi-schen den Anrainern beendet, wenn der militärstrate-gische Hintergrund in Gestalt der USA nicht existierte. Das wird in der westlichen Propaganda in Abrede gestellt. Die USA und ihre Verbündeten – auch Deutschland ent-sandte schon mal eine Fregatte – sicherten lediglich die »Freiheit der Seefahrt«, heißt es zur Begründung. Immer-hin passieren jährlich mehr als 60 000 Handelsschiffe das Südchinesische Meer, das sich über dreieinhalb Millionen Quadratkilometer erstreckt – die meisten Handelsschiffe allerdings fahren unter chinesischer Flagge oder in deren Auftrag.

Das *China Policy Center*, ein Think Tank in Canberra, widersprach der Schutzbehauptung der Amerikaner und bestätigte die skeptische Haltung Pekings, das die Frie-densmission der Amerikaner in dieser Region in Abrede stellt. »Wenn sich die USA raushielten, würde es wohl tatsächlich wahrscheinlicher, dass sich die angrenzen-den Staaten mit China einigen.« So wurden die austra-lischen Analysten im *Deutschlandfunk* am 2. Juli 2020 zitiert. Allerdings ging es nicht ohne Polemik ab: »Chinas Staats- und Parteiführung zeigt sich trotz aller internationaler Kritik an ihrer Rechtsauffassung unbeeindruckt. Sie steckt weiterhin jedes Jahr Milliarden in die Infrastruktur der Inseln, sowohl in militärische Anlagen als auch in den zivilen Bereich. So erforschen inzwischen Wissenschaftlerinnen und Wissenschaftler, wie auf dem häufig nur spärlich vorhandenen unfruchtbaren Boden der kleinen Inseln Nutzpflanzen angebaut werden können.«

Inzwischen haben die chinesischen Land-, Luft- und Seestreitkräfte ihre Übungstätigkeit ausgedehnt, wie es heißt. Selbstbewusst hat die Marine erstmals eine Übung im Westpazifik gefahren und Flagge gezeigt, die Luftwaffe die Zahl ihrer Kontrollflüge im Süd- und im Ostchinesischen Meer erhöht. Zudem haben Brigaden und Regimenter der Raketentruppen ihr Zusammenwirken trainiert.

Im letzten Weißbuch spricht man erstmals auch von »Übersee-Interessen«, die China wahrnehme. Zu den militärischen Kontingenten und logistischen Einrichtungen, die man zu diesem Zweck geschaffen habe, rechnet man die im August 2017 am Horn von Afrika errichtete Basis mit vier Einsatzgruppen. In Djibouti sind über hundert chinesische Offiziere stationiert, die mit ausländischen Militärs Übungen abhalten. Dazu muss man wissen, dass es dort schon geraume Zeit Militärbasen der USA, Frankreichs, Italiens, Japans und Deutschlands gibt, was die deutsche Öffentlichkeit hinnahm. Als sich jedoch auch die Chinesen in der Nähe von Balbala niederließen, um die Piraterie vor der Küste zu bekämpfen, UN-Missionen zu unterstützen und notfalls Landsleute aus Krisenregionen auszufliegen – wie in Libyen und Jemen geschehen –, setzte in den Redaktionen die übliche Schnapp-Atmung ein. Damit unterstreiche China seinen »Machtanspruch« (*Deutsche Welle* am 12. Juli 2017), und man zitierte das

Appell in Djibouti: China eröffnet 2017 seinen ersten und einzigen Militärstützpunkt und kommt damit einer Bitte der Westmächte nach.

US-Verteidigungsministerium, »dass es nicht lange bei dem einen chinesischen Militärstützpunkt im Ausland bleiben wird«. Auch in der Schweiz erklärte man die Basis zur »militärischen Expansion«, die »bei westlichen Militärs für Bauchschmerzen« sorge. (*SRF* am 22. April 2019) Und eine vom Sender zitierte »China-Expertin« wusste: »Es ist ein Modell für künftige Basen. Chinas Militär weitet seine globale Präsenz aus.«

So schrieb denn folgerichtig das *Wall Street Journal* am 5. Dezember 2021, dass laut Geheimdienstinformationen China »seinen ersten ständigen Militärstützpunkt im Atlantischen Ozean« plane, in Äquatorialguinea. »Ein

Am Horn von Afrika: Die Fregatte Xuzhou der chinesischen Marine geleitet internationale Handelsschiffe durch gefährliche Seegebiete.

namentlich nicht genannter Militärexperte erklärte gegenüber der *Global Times*, dass der Artikel des *Wall Street Journal* nicht der Wahrheit entspreche. Die USA hätten häufig Informationen über Chinas Errichtung von Militärbasen in Übersee aufgebauscht, um die Theorie der ›chinesischen Bedrohung‹ aufzublähen, erklärte der Experte und merkte an, dass die USA China an mehreren Fronten einkreisen würden, sei es politisch, wirtschaftlich oder militärisch. Selbst wenn China den Bau eines Stützpunktes im Ausland planen würde, wäre dies nicht mit den USA vergleichbar, die fast 800 Militärstützpunkte in mehr als 80 Ländern besitzen.«

Und *Der Standard* in Österreich behauptete in seiner Ausgabe am 9. Juni 2022, China baue »seine militärische Präsenz global aus«. Man wollte in Erfahrung gebracht haben, dass 2019 im Süden Kambodschas die chinesische Volksbefreiungsarmee ein Drittel des Hafens in Ream für dreißig Jahre gepachtet habe, um dort eine Marinebasis zu errichten.

Ein müdes Lächeln war die Antwort. Was aber grundsätzlich in der Berichterstattung über Djibouti und die dortige Präsenz der Chinesen verschwiegen wird – absichtsvoll oder aus Unwissenheit, was aber keinen Unterschied macht: Der Westen hatte die Volksrepublik nicht nur eingeladen, sondern geradezu aufgefordert, zur Sicherung der internationalen Schifffahrt am Horn von Afrika einen Beitrag zu leisten. Schließlich sei China einer der Hauptnutzer dieser Wasserstraße vom und zum Suezkanal. Dieser 2015 geäußerten Bitte westlicher Seefahrtsnationen war China nachgekommen.

Der Spiegel berichtete am 8. Februar 2018 in einer sehr ausführlichen Reportage über Djibouti und machte dabei interessante Beobachtungen. Etwa über die unterschiedlichen Aktivitäten der Chinesen und der Amerikaner. »Die rund 4000 US-Soldaten leben in ihrem Camp wie auf einem Flugzeugträger, das Land ringsum betrachten sie als einen Ozean voller Gefahren. Verlassen dürfen sie ihre Basis nur mit einer Sondererlaubnis.«

Ganz anders die aufgeschlossenen Chinesen, denn Djibouti liegt an der Neuen Seidenstraße, da passiert auch in wirtschaftlicher Hinsicht einiges. Und das Magazin kommt zu dem Schluss, dass hier, in Djibouti, auf engstem Raum nicht nur unterschiedliche Nationen, sondern auch drei verschiedene Epochen aufeinanderträfen. »Da ist die alte Zeit der europäischen Vorherrschaft, verkörpert durch die Franzosen, die einstigen Kolonialherren. Da ist, zweitens, die noch immer machtvolle Gegenwart der amerikanischen Weltordnung, gestützt auf das

Militär. Und da ist, drittens, die Zukunft, die schon begonnen hat – das chinesische Zeitalter.«

Auf der Agenda der Zentralen Militärkommission standen und stehen ebenfalls Cybersicherheit und die friedliche Nutzung des Weltraums. Die Sicherheit im Kosmos besitze »strategische Bedeutung für die nationale und soziale Entwicklung«, weshalb China »aktiv an der internationalen Kooperation« teilnehmen werde, so das »Weißbuch«. Das gelte auch für das Cyberspace, ein »Schlüsselgebiet in der nationalen Sicherheit, des ökonomischen Wachstums und der sozialen Entwicklung«. Weil es sich um eine globale Herausforderung handele, »erhöhen die Streitkräfte Chinas ihre Anstrengungen zur Schaffung von Cyberspace-Potenzialen«. China setzt auf Hochtechnologie – sowohl in der Wirtschaft wie in der Landesverteidigung. Beide Felder sind miteinander verknüpft, sowohl bei der Entwicklung wie auch der Anwendung. Das funktioniert nur unter diesen gesellschaftlichen Bedingungen.

Und: Chinas bewaffnete Kräfte würden an »Operationen zur Festigung der sozialen Ordnung« teilnehmen, und dazu gehöre auch die »Verhinderung von Unruhen und Terrorismus«. Die Bewaffnete Volkspolizei schütze als eigenständige Teilstreitkraft wichtige Objekte und Verkehrsknotenpunkte und unterstütze zivile Verwaltungen im Kampf gegen kriminelle Banden und halte damit die öffentliche Ordnung aufrecht. Seit dem Jahr 2012 habe sie über zehntausend Sicherungsaufgaben bei internationalen Treffen übernommen. »Sie unterstützte die Regierung der Autonomen Region Xinjiang im Kampf gegen Banden und nahm 12 995 Terroristen fest.«

Das war, zum Beispiel, am 1. März 2014, als am Bahnhof der südwestchinesischen Metropole Kunming acht

Zur militärischen Ausbildung gehört auch das Training des Häuserkampfes.

schwarz gekleidete Menschen mit Dolchen und Messern wahllos auf Reisende einstachen. Als die Polizei eintraf, waren 31 Menschen tot und über 140 verletzt. Die Täter: muslimische Uiguren aus Xinjiang, die über die Grenze nach Laos wollten, um im Ausland in den Dschihad zu

Anschlag am 28. Oktober 2013 auf dem Platz des Himmlischen Friedens. Das Fahrzeug der Attentäter brennt noch.

ziehen. Weil die Grenzer sie aber daran gehindert hatten, kämpften sie gegen die Ungläubigen auf dem Bahnhof.

Bereits in den achtziger Jahren hatte es in Xinjiang Unruhen und Proteste gegen die angebliche »Überfremdung« gegeben, war vom »kulturellen Genozid« durch die Han-Chinesen die Rede. In Baren, einem Ort im Süden von Kashgar, unweit der Grenze zu Afghanistan, gingen Anfang 1990 Hunderte Uiguren auf die Straße – chinesischen Angaben zufolge bewaffnet und angefeuert von aus Afghanistan zurückgekehrten Islamisten, die, ganz im Hochgefühl des Sieges über die Sowjetarmee, nun zum Dschihad gegen die Volksrepublik China aufriefen. Bei den Auseinandersetzungen starben mehr als 20 Menschen. Am 5. Februar 1992 explodierten zwei Bomben in Bussen in Ürümqi, der Hauptstadt Xinjiangs; drei Menschen kamen ums Leben, mehr als 20 wurden verletzt.

Am 27. Februar 1997 explodierten drei Bomben in Bussen in Ürümqi, töteten neun Menschen und verletzten rund 70 teilweise schwer. 1998 verübten Uiguren Sprengstoffanschläge auf Fabriken sowie eine Pipeline im äußersten Südwesten Xinjiangs; zudem attackierten sie Büros und Wohnungen chinesischer Staatsbeamter mit Bomben … Zwischen 1990 und 2001 starben bei Anschlägen uigurischer Terroristen mindestens 162 Menschen, 440 wurden verletzt.

Bei einem Pogrom am 5. Juli 2009 in Ürümqui, dem schlimmsten seit Gründung der Volksrepublik, waren einige Tausend Uiguren unterwegs, mordeten, plünderten, steckten Häuser und Geschäfte in Brand. Die Bilanz: fast zweihundert Tote, zweihundert Geschäfte von Han-Chinesen zerstört, über 250 Fahrzeuge in Brand gesetzt. Am 28. Oktober 2013 fuhren drei Uiguren auf dem Tiananmen-Platz im Zentrum Pekings mit einem SUV in eine Menschenmenge; der Wagen explodierte, außer den Attentätern starben zwei Passanten, 38 wurden verletzt …

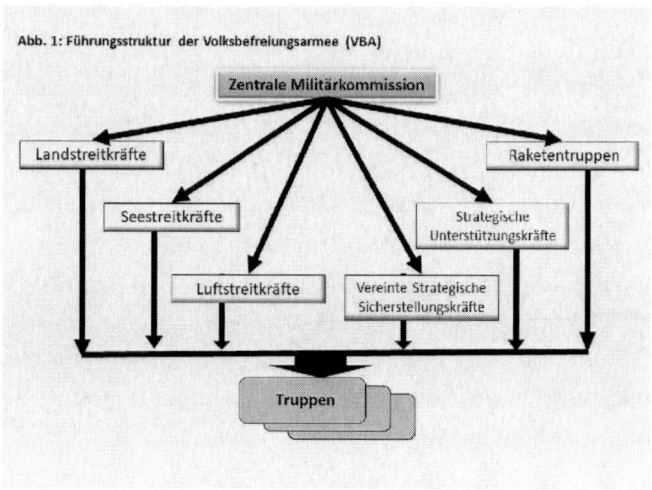

Abb. 1: Führungsstruktur der Volksbefreiungsarmee (VBA)

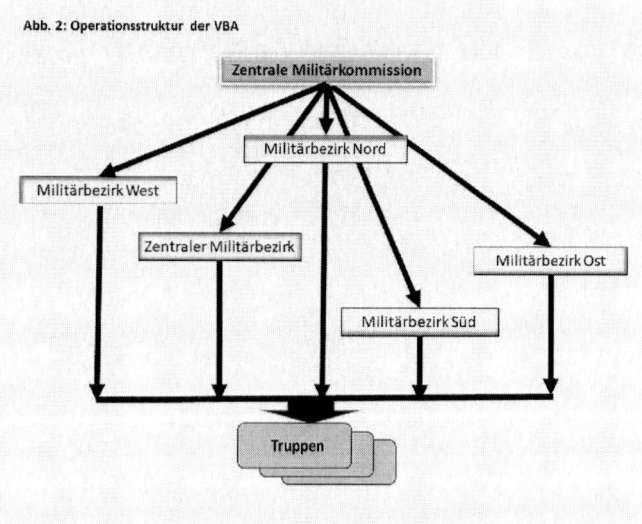

Abb. 2: Operationsstruktur der VBA

Die erste Grafik zeigt die Führungsstruktur der Volksbefreiungsarmee, die zweite deren Operationsstruktur, wie sie derzeit besteht.

Die Militär-Reform

Disziplin bedeutet Organisation,
klare Aufteilung der Pflichten und Logistik.

Sunzi in: »Die Kunst des Krieges«

Im Laufe der Jahrzehnte erfolgten etliche Militär-Reformen, die letzte im Jahr 2016. Struktur und Führung der Streitkräfte wurden den neuen gesellschaftlichen Bedingungen angepasst oder, wie es hieß: den Anforderungen eines Krieges im Informationszeitalter. Das bisherige Führungssystem »wurde durch eine neue Struktur mit einem modernen Management und einem neuen Kommandosystem ersetzt«, lautete die Zusammenfassung im »Weißbuch«. Die Streitkräfte wurden um weitere 300 000 Mann auf zwei Millionen reduziert. (Es waren schon mal über dreieinhalb Millionen, und die damals Entlassenen, meist ohne Beruf und Perspektive, reihten sich mehrheitlich ein in das Millionenheer der Wanderarbeiter, womit sich die Abrüstung zu einem sozialen Problem auswuchs.) Offiziersplanstellen wurden gestrichen und mit Unteroffizieren und Zivilbeschäftigten besetzt. »So konnte der Personalbestand um 25 und teilweise um 50 Prozent verringert werden.«

Bei dieser jüngsten Militärreform gab es folgende Veränderungen:

Die achtzehn Armeegruppen wurden um fünf reduziert, die 77 Universitäten und Fachschulen der Volksbefreiungs-

Das allwettertaugliche Mehrzweckkampfflugzeug der chinesischen Luftstreitkräfte Chengdu J-10, von der NATO »Vigorous Dragon« genannt – »Energischer Drache«

armee auf 44 gebracht – dafür wurden eine Militärwissenschaftliche Akademie und neue Forschungsinstitute gegründet.

Die *Landstreitkräfte* wurden in fünf Militärbezirke und zwei besondere Militärgebiete – Xinjiang und Tibet – gegliedert, zu denen jeweils zwei oder drei Armeegruppen gehören.

Die *Seestreitkräfte* – bestehend aus der U-Boot-Flotte, Überwasserschiffen, Marinefliegern und der Küstenverteidigung – verteilen sich auf die Ost-, Süd- und Nordflotte sowie das Marine-Infanterie-Korps.

Die *Luftstreitkräfte* sind erheblich vielgestaltiger. Ihnen gehören neben den traditionellen Fliegerkräften, den

Die vielgestaltige Flotte der Überwasserschiffe wächst stetig – hier der Lenkwaffenzerstörer »Wuhan«, der seit 2004 im Dienst ist.

Luftlandetruppen und der Boden-Luftverteidigung auch Funk- und Funktechnische Truppen sowie die Funktechnische Gegenwirkung an. Gegenwärtig ist man dabei, die Luftstreitkräfte von der reinen Territorialverteidigung auf den Einsatz bei offensiven und defensiven Operationen umzustellen und ihre Mitwirkung im strategischen Frühwarnsystem, für die Luft- und Raketenabwehr und strategischen Handlungen zu verbessern.

Die *Raketentruppen* bestehen aus Verbänden strategischer, operativ-taktischer und taktischer Bestimmung. Sie können konventionelle und nukleare Gefechtsköpfe verschießen, dienen der nuklearen Abschreckung und sind auch in der Lage, nukleare Gegenschläge zu führen.

Soldaten einer Luftlandeeinheit trainieren das Verpacken der Fallschirme auf einem Truppenübungsplatz

Eine neue Truppengattung stellen die *Strategischen Unterstützungskräfte* dar. Sie sollen die Kommunikation bei Kampfhandlungen aufrechterhalten und neue Technologien erproben.

Die *Sicherstellungskräfte* bilden die Rückwärtigen Dienste der Streitkräfte. Zu ihnen gehören die Medizinischen Dienste, das Transportwesen, das Bauwesen, Rohrleitungssysteme und die Reserven.

Und schließlich – nicht zur Volksbefreiungsarmee, wohl aber zu den Bewaffneten Organen gehörend – die *Bewaffnete Volkspolizei* (oder Volksmiliz), die für die nationale Sicherheit sorgt und zum Grenz- und Objektschutz herangezogen wird. Bis dato gehörte auch der Zoll dazu, der nun jedoch ausgegliedert wurde.

Zu der Reform gehörte auch die Ausmusterung von alten Waffensystemen und deren Ersatz durch moderne. So wurde zum Beispiel der leichte Panzer vom Typ 15 beim Heer eingeführt, die Marine erhielt den Zerstörer Typ 052D, die Raketentruppen wurden mit der ballistischen Rakete DF-26 verstärkt. Die Luftstreitkräfte erhielten das Kampfflugzeug J-20, den Kampfjet Chengdu, ein Kampfflugzeug der fünften Generation – komplett in der Volksrepublik entwickelt und mit eigenen Komponenten gebaut. In der Fachpresse des Westens spricht man von »Chinas Superfighter«, die »neue Speerspitze der chinesischen Luftwaffe – und der Stolz des heimischen Flugzeugbaus«. Im Unterschied zu vergleichbaren Kampfjets der USA (F-35 und F-22) und Russlands (Su-57) ist dies ein Zweisitzer.

Der neue Kampfjet wird verstärkt für Warn- und Kampfpatrouillen im Luftraum über dem Süd- und Ostchinesischen Meer eingesetzt. Das sei die Antwort auf die Flüge der Air Force mit F-35 und F-22 in dieser Region. Ein Sprecher des chinesischen Verteidigungsministeriums erklärte am 31. März 2022 auf einer Pressekonferenz, die Luftwaffe der Volksbefreiungsarmee habe »die heilige Pflicht, die nationale Sicherheit im chinesischen Luftraum zu verteidigen«. Wenn es um die Verteidigung der nationalen Souveränität und Sicherheit gehe, sei man immer bereit, »das Schwert zu schwingen«. General Kenneth Wilsbach, Kommandant der *US Pacific Air Forces*, erklärte ziemlich beeindruckt, nachdem die in der Region operierenden F-35-Piloten der US-Luftwaffe erstmals »engen Kontakt« mit dem chinesischen Kampfjet über dem Ostchinesischen Meer gehabt hatten: »Sie fliegen ziemlich gut.« Immerhin hatte Wilsbach selbst über fünftausend Stunden als Pilot im Cockpit gesessen und konnte dies

Blick aus einem Hotelfenster in Peking. In der Phase des ungebremsten ökonomischen Wachstums blühte insbesondere im Bauwesen die
Korruption.

wohl beurteilen. Und damit war noch nichts über die militärischen Qualitäten und Fähigkeiten des neuen Stealth-
Kampfjet Chengdu J-20 gesagt.

Zu der Militärreform gehört auch, dass sowohl die politische Arbeit als auch der Kampf gegen die Korruption
in den Streitkräften forciert wird. Insbesondere bei Bau-
projekten und bei der Beschaffung von Material und Aus-
rüstungen schaut man nun noch genauer hin, und auch
in kleinen Einheiten wurden sogenannte Kontaktpunkte
geschaffen, um bei der »Mikro-Korruption« erfolgreicher
zu sein. Im bereits zitierten »Weißbuch« heißt es, dass
seit 2012 über 30 000 Einheiten und 13 000 Offiziere über-

prüft worden seien. Xi folgt seit Beginn seiner Tätigkeit an der Spitze von Staat und Partei konsequent der 2012 abgegebenen Erklärung, man werde gegen Fliegen wie gegen Tiger vorgehen. Inzwischen wurden bereits auch über hundert Generäle zur Rechenschaft gezogen.

Die Annahme von Geschenken und Vorteilen, von Schmiergeldern, von aktiver oder passiver Bestechung und illegaler Bereicherung wurzelt zum Teil in der chinesischen Geschichte, ist aber auch Begleiterscheinung des Kapitalismus.

In der europäischen Kultur dominiert bei Entscheidungen die Wahl zwischen Entweder – Oder, in der chinesischen zwischen Sowohl – Als auch. So gibt es das Schriftzeichen »Jiao«, das ausgleichen oder zahlen bedeutet, und das Zeichen »You« steht für Freund. Zusammen geschrieben bedeuten sie soviel, dass man sich bemühen muss, wenn man jemandes Freundschaft gewinnen möchte. Verräterisch und erhellend gleichermaßen ist diese Doppeldeutigkeit: Man gibt/zahlt dafür. Im Deutschen kennt man die Wendung: Kleine Geschenke erhalten die Freundschaft. Wie klein oder wie groß dürfen solche Geschenke sein?

In der Phase des ungebremsten ökonomischen Wachstums waren sie beachtlich. Gesetze, Regeln und Vorschriften in der Wirtschaft wurden unterlaufen, Kontrollen durch staatliche Institutionen und Parteigremien durch freundschaftliche Zuwendungen wirkungslos gemacht. Von Dezember 2012 bis August 2016 wurden die Fälle von 187 409 Parteifunktionären untersucht, in jedem zweiten Falle wurden Strafen ausgesprochen, im Jahr darauf wurden 159 000 wegen Korruption und Verstöße gegen die Parteidisziplin bestraft, 2018 wurde ein ehemaliger Stellvertretender Bürgermeister sogar zum Tode verurteilt, er hatte zwischen 1997 und 2013 umgerechnet rund 150 Millionen Euro kassiert. Sicherlich war die Strafe deshalb so hoch, um andere abzuschrecken. Doch beim Militär genügt bereits die Androhung, dass bei nachgewiesener »Unregelmäßigkeit« die Beförderung ausgesetzt wird. Ein Essen auf Dienstkosten oder ein zu teurer Dienstwagen, der auch noch privat genutzt wurde, kann den Dienstrang kosten …

Der entschiedene Kampf gegen die Günstlings- und Vetternwirtschaft wird von der Mehrheit der Bevölkerung begrüßt, und dieser Kampf ist mit dem Namen von Xi Jinping verbunden, weshalb er unverändert so hohe Zustimmungswerte bekommt. (Auf der anderen Seite heißt das freilich, dass sich der Staats- und Parteichef auch Gegner schafft. Zu jedem abgesetzten General gehört ein ganzer Stab …) Die *South China Morning Post* kam 2020 zu dem Schluss, dass die Antikorruptionskampagne in ganz China und in allen gesellschaftlichen Bereichen positive Wirkungen zeige. So hatten die Journalisten mehr als eine Millionen Transaktion in der Immobilienbranche untersucht, die zwischen 2004 und 2016 gelaufen sind. (In China sind Grund und Boden Staatseigentum und können nicht als Spekulationsobjekt benutzt werden, wohl aber Boden-Nutzungsrechte.) Bei den Recherchen stellten sie fest, dass staatliche Institutionen (und namentlich konkrete Angestellte und Sachbearbeiter) Nutzungsrechte an sogenannte Prinzlings-Firmen mit Rabatten bis zu sechzig Prozent abgegeben und dabei die Hand aufgehalten hatten. Als »Prinzlinge« gelten Personen mit Rang und Namen. Als Xi 2012 die Antikorruptionskampagne intensivierte, so ermittelten die Journalisten, normalisierten sich die Preise in der Branche – die »Sonderpreise« verschwanden.

Transparency International verfolgt die Korruption weltweit und bestätigt diese Tendenz: Seit 2003 sinkt der Korruptionsindex in China – 2021 lag er bei 55 (die Skala liegt zwischen 0 und 100). Damit ist China inzwischen besser als der Durchschnitt der Welt – der globale Korruptionsindex beträgt nämlich 56,8. Untersucht werden dabei 125 Staaten.

Die Sicherheitsdoktrin

> Man kann nie wissen, wie man siegt,
> ohne fähig zu sein, es zu tun.
>
> *Sunzi in: »Die Kunst des Krieges«*

Die Volksrepublik China hat bisher kein zentrales Leitdokument zur Nationalen Sicherheit vorgelegt, wie es beispielsweise die Warschauer Vertragsstaaten 1987 in der
DDR-Hauptstadt für ihr Bündnis formuliert hatten (»die
Prinzipien ihrer Militärdoktrin«: Verzicht auf nukleare
Abschreckung, Betonung des Verteidigungscharakters
des Bündnisses sowie vollständige und allgemeine Abrüstung als Ziel der Bündnispolitik). Russland präsentierte
2000, 2010, 2014 und 2021 seine fortwährend modifizierte
Militärdoktrin. Die USA hingegen verweisen auf eine
Vielzahl von offiziellen Dokumenten und Kommentaren,
in denen sie sich zur Militärstrategie und zu militärischen
Operationen, zu nationalen Sicherheitsfragen und zur
Funktion der Streitkräfte äußern – aber eine klar formulierte, zentrale militärische Richtlinie ihrer Sicherheitspolitik liegt nicht vor.

In dieser Hinsicht schob und schiebt Washington die
NATO vor. Diese war mit der Maßgabe gegründet worden, »den Kommunismus« einzudämmen, d. h. der gewachsene Einfluss der Sowjetunion in der Welt nach ihrem entscheidenden Beitrag zur Befreiung Europas vom
Faschismus sollte beschränkt werden (*containment*). Das

Die wachsende Einkreisung Russlands und Chinas durch USA und NATO zwingt die beiden Staaten zur Partnerschaft. Hier ein gemeinsames Manöver auf chinesischem Territorium

war der Ausgangspunkt für den Kalten Krieg und das strategische Ziel der NATO und deren Führungsmacht. In der nächsten Phase des Kalten Krieges folgte die Strategie des Rollback. Und diese ist – obwohl Gorbatschow 1990 einseitig das Ende des Kalten Krieges erklärte – praktisch bis heute nicht erledigt. Die NATO expandiert auch nach dem Untergang des Ostblocks und der Sowjetunion, obwohl sich der »Gegner« abgeschafft hatte. Damit sollte sich doch der Gegenstand der vermeintlichen Verteidigungsanstrengungen des westlichen Paktes erledigt haben. Trotzdem drängt die NATO weiter nach Osten. Die Begründung: Ehemalige Ostblockstaaten fühlten sich von Russland bedrängt und bedroht. Deshalb suchten sie Schutz und Beistand in dem von der USA geführten Militärbündnis. Dessen Grundprinzip lautet bekanntlich: Ein Angriff auf ein NATO-Mitglied wird als Angriff auf das gesamte Bündnis gewertet und von allen Mitgliedsstaaten gemeinsam zurückgeschlagen.

Dass durch die stete Expansion und forcierte Aufrüstung Russland sich in gleicher Weise von seinen Nachbarn bedroht fühlt und darauf reagiert, wurde im Westen völlig ignoriert. Ebenso das russische Trauma – der Überfall Hitlerdeutschlands auf die Sowjetunion am 22. Juni 1941. Das dürfe sich nie, nie wiederholen, lautete darum das oberste Gebot der russischen Militärpolitik. Ob die dafür unternommenen Abwehrmaßnahmen angemessen und zulässig waren und sind, steht auf einem anderen Blatt. Die von Russland aufgrund der expansiven NATO-Politik empfundene Bedrohung hätte bedacht werden müssen. Frieden kann nicht *gegen*, sondern muss *mit* Partnern gewonnen werden. Jede Seite hat legitime Sicherheitsinteressen, die von der anderen Seite in der eigenen Politik berücksichtigt werden müssen. »Unbedingter Friedenswille und unbedingte Verteidigungsbereitschaft bestimmten die sowjetische Geschichte und die russische Gegenwart, wie wir heute in der Ukraine sehen – auch mit fatalen Folgen«, schrieb der Politologe Stefan Bollinger am Jahrestag des Überfalls am 22. Juni 2022 im *nd.der tag*. Dieses besondere Sicherheitsbedürfnis ist kein Privileg der Russen. »Israels striktes Sicherheitsinteresse, abgeleitet aus dem Holocaust, ist genauso zwingend zu akzeptieren.« Und auch die Volksrepublik China hat ein legitimes Sicherheitsbedürfnis, aber ein anderes Herangehen.

Tianxia, alles unter einem Himmel – lautet die von Konfuzius formulierte und in Jahrtausenden ins kollektive Bewusstsein nicht nur der Chinesen eingeflossene Vorstellung, dass alle Menschen unter einer Sonne, auf einer Erde leben und sich darum verständigen, vertragen und in Frieden miteinander auskommen können und müssen ...

Auch wenn es in China kein zentrales Leitdokument für eine Militärpolitik gibt, so hat das Land sowohl seine Sicherheitsinteressen als auch die Strategie artikuliert, wie es die »Umfassende Nationale Sicherheit« – so die übliche Bezeichnung – um- und durchsetzen will. In dieser Strategie sind volkswirtschaftliche *und* militärische Entwicklungsziele eng miteinander verflochten. Allein darin zeigt sich der andere Charakter des chinesischen Staates. Eine solche organische Verzahnung ist nur durch eine politische Durchdringung aller gesellschaftlichen Bereiche herstellbar. Das schließt zwingend aus, dass divergierende gesellschaftliche Gruppen »den Staat« als eine Art Selbstbedienungsladen betrachten, in dem man sich nach betriebswirtschaftlichem Gusto und gemäß seinem ökonomischen Gewicht bedient. Für Marx war der (bürgerliche) Staat das »nationale Kriegswerkzeug des Kapitals gegen die Arbeit«. In der Volksrepublik China versteht man den Staat als ein nationales Friedenswerkzeug, um die Arbeit zu schützen. Darauf zielt alle Politik, die nach innen wie die nach außen – abgesichert und geschützt durch eine angemessene Militärpolitik.

Folglich finden sich in allen gesellschaftlich relevanten Papieren – Parteibeschlüsse, Direktiven der Regierung, Gesetze, Fünfjahrpläne, staatliche Anordnungen etc. – Elemente und Hinweise auf die »Umfassende Nationale Sicherheit«.

Den Begriff hat Xi Jinping auf der Gründungssitzung der Zentralen Nationalen Sicherheitskommission der KP Chinas im April 2014 kreiert. Unter dieser Losung führte er elf Schwerpunkte an: politische Sicherheit, territoriale Sicherheit, militärische Sicherheit, wirtschaftliche

Nicht nur in der Diplomatie kennt man »vermintes Gelände«. Auch
Wasserstraßen werden mitunter vermint. Hier chinesische Minen-
räumschiffe im Manöver

Sicherheit, kulturelle Sicherheit, gesellschaftliche Sicherheit, wissenschaftlich-technologische Sicherheit, Infor-
mationssicherheit, ökologische Sicherheit, Ressourcen-
sicherheit und Nuklearsicherheit. Womit klar gesagt war,
dass es primär um Sicherung und Schutz eigener nationaler Interessen geht.

Innere Sicherheit und nationale Stabilität werden in
Peking als Voraussetzung für die weitere erfolgreiche
wirtschaftliche Entwicklung des Landes, also für den
Wohlstand und die Zufriedenheit der Bürger angese-
hen. Innere Sicherheit existiert aber nicht ohne Frieden
und Ruhe auch außerhalb der Landesgrenzen. Folglich
zielt Pekings Politik zugleich auf die Herstellung stabiler,

Sichere Grenzen – das ist die erste und wichtigste Voraussetzung. Aufnahme von einer Grenzpatrouille im Hochgebirge 1994

friedlicher Verhältnisse in der Welt. Eben: unter einem Himmel …

Diese einfache und darum verständliche Logik lässt China an einer internationalen Sicherheitsarchitektur arbeiten, regional und global.

Dazu leisten die chinesischen Streitkräfte ihren Teil auf unterschiedlichen Ebenen und Feldern. So verweist man nicht ohne Stolz darauf, dass es in den Auslandsvertretungen der Volksrepublik inzwischen 130 Militärattachés gibt und 116 Staaten in China entsprechende Vertretungen unterhalten. Seit 2012 haben chinesische Militärdelegationen mehr als sechzig Staaten bereist – im Gegenzug kamen in dieser Zeit Verteidigungsminister und hohe Militärs aus mehr als hundert Ländern nach China.

Mit Russland unterhalte man eine »strategische Partnerschaft«, wenngleich die Formulierungen der »Umfassenden Nationalen Sicherheit« klar sagen, dass Peking

Chinesische Grenzpatrouille im Karakorum-Gebirge, wo die Grenze zwischen China (Uigurisches Autonomes Gebiet Xinjiang), Indien und Pakistan verläuft, 2013.

unter »gemeinsamer Sicherheit« keine Bündnisse versteht und kollektive Sicherheit nicht mit Militärpakten herstellen möchte. China konzentriert sich auch in dieser Hinsicht ganz auf sich selbst. Weil man aus der Geschichte des vorigen Jahrhunderts gelernt hat. Chinesische Experten sagen, wenngleich nur hinter vorgehaltener Hand und mit der in Asien üblichen blumigen Umschreibung: In einem Bündnis stellt sich zwangsläufig die Frage, wer es führt. Man könne sich in China aber nicht vorstellen, dass Russland darauf verzichten möchte, wenn eine solche Entscheidung anstünde …

Auch die USA leben mit China »unter einem Himmel«. Die militärischen Beziehungen zu den Vereinigten Staaten gestalteten sich »nach den Prinzipien einer konfliktfreien und konfrontationsfreien Kooperation«, heißt es dazu im letzten chinesischen »Weißbuch«. Peking beruft sich dabei auf ein *Memorandum of Understanding*, das die Verteidigungsminister 2014 unterzeichnet haben. Es regle militärische Aktivitäten, vertrauensbildende Maßnahmen und sorge für die Sicherheit im Luftraum und auf See. Auch wenn die fortgesetzten Verletzungen des chinesischen Luft- und Seeraumes durch Schiffe und Flugzeuge der USA und deren forcierte Waffenlieferungen an Taiwan entschieden kritisiert wurden und werden, bezeichnet Peking die Beziehungen der militärischen Führungen Chinas und der USA als stabil.

In diesem Kontext sollte man auch das Treffen der beiden Verteidigungsminister im April 2022 in Singapur sehen. Es war das erste persönliche Gespräch der beiden, nachdem sie zuvor bereits telefoniert hatten. Die Begegnung erfolgte gewiss nicht zufällig während des Shangri-La-Dialogs. Zu diesem Sicherheitsgipfel kommen seit 2002 jährlich einmal Spitzenpolitiker, Militärs und Wirtschaftskapitäne aus der Asien-Pazifik-Region zusammen. Im Unterschied zur Münchner Sicherheitskonferenz aber werden die Diskussionen zur Sicherheits- und Verteidigungspolitik in Singapur nicht von den USA und ihren Verbündeten dominiert.

Aus dem Gespräch zwischen den beiden Verteidigungsministern sickerte wenig bis nichts nach draußen. Und obgleich die westlichen Medien einen »Schlagabtausch« zwischen beiden in der Taiwan-Frage meinten vermelden zu müssen und damit die üblichen Vorhaltungen kolportierten und die Differenzen gewohnt dramatisierten, vernahm hingegen das in New York ansässige Informationsdienstleistungs-, Nachrichten- und Medienunternehmen *Bloomberg* »optimistische Töne«. Und das trotz des Abkommens, das im April 2022 Peking und Honiara geschlossen hatten, was wiederum die Kalten Krieger weltweit auf den Plan gerufen hatte. Honiara ist die Hauptstadt der Salomonen, eines Inselstaates im Südpazifik. Auf Hunderten Inseln und Atollen leben knapp 700 000 Menschen. Bis zur australischen Küste sind es zweitausend Kilometer, doch dieser Vertrag – den keiner im Detail kennt, denn er wurde nicht publiziert –, habe, so der für Ostasien und den Pazifik zuständige Diplomat in Washington, »potenzielle regionale Sicherheitsauswirkungen« für die USA und ihre Verbündeten. Nebenbei: Die Salomonen traten bereits 2019 der chinesischen Belt-and-Road-Initiative, dem Infrastrukturprojekt »Neue Seidenstraße«, bei, wurden also kaum überrumpelt, wie es in westlichen Darstellungen behauptet wurde. Die Salomonen fühlten sich insbesondere von Australien bevormundet. »Wir werden behandelt wie Kindergartenkinder«, erklärte der Premierminister den Grund für den selbstbewussten Schritt der Inselrepublik und kommentierte die Reaktion des Westens. »Es ist überaus beleidigend und total inakzeptabel.« Es ist eine klassische Win-Win-Situation: Beide Seiten, China und die Salomonen, profitieren von dieser Partnerschaft, sie werden in den Bereichen Wirtschaft und Sicherheit zusammenarbeiten. Zehn weitere Inselstaaten im Südpazifik – von Tonga über Fidschi bis zu den Cookinseln – sind ebenfalls an einer solchen gleichberechtigten Kooperation zum wechselseitigen Nutzen interessiert.

Mit zwölf seiner vierzehn Nachbarn auf dem Festland hat die Volksrepublik Grenzfragen final gelöst, mit acht wurden Verträge über gute Nachbarschaft, Freundschaft und Zusammenarbeit geschlossen.

Auf dem Sichuan-Tibet Highway ist es stellenweise nicht nur zwischen vier- und fünftausend Meter hoch, sondern gelegentlich eng und beschwerlich – da müssen Soldaten auch mal private Fahrzeuge schieben.

In diesen Frieden stiftenden Kontext gehört auch Pekings Engagement bei internationalen Missionen. China ist nicht nur einer der Hauptbeitragszahler von UNO-Einsätzen, sondern stellt auch das meiste Personal. Die Volksrepublik hält ständig eine Blauhelm-Einsatzgruppe mit achttausend Mann bereit. Und an die vierzigtausend Angehörige der Volksbefreiungsarmee nahmen bislang an Friedensmissionen der Vereinten Nationen teil, 23 chinesische Soldaten verloren dabei ihr Leben.

Schwerpunkt der militärpolitischen Intentionen Chinas waren und bleiben jedoch die nationalen Belange und Bedürfnisse, was von ihnen in einer simplen, aber unmissverständlichen Formel ausgedrückt wird: »Reiches

Land, starke Armee.« Der bereits erwähnte dialektische Zusammenhang von volkswirtschaftlicher und militärischer Entwicklung schlägt sich nicht nur in Papieren nieder (etwa in den Streitkräftereformen und der Industriestrategie »Made in China 2025«, die beide 2015 formuliert wurden). Es ist praktische, in verschiedene Phasen zerlegte Politik bis zum 100. Jahrestag der Gründung der Volksrepublik. Bis 2049 will China die weltweit führende Industrienation sein, ein modernes sozialistisches Land. Dazu wird man in einem ersten Schritt (bis 2025) sich endgültig von der »Werkbank der Welt« zu einem Hightech-Industrieland entwickelt haben: mit neuen Forschungs- und Entwicklungszentren, mit Innovationen und technologischen Durchbrüchen in den Schlüsselbereichen, mit umweltschonender Produktion und sinkendem Ressourcenverbrauch. Das *Center for Strategic and International Studies* (CSIS), eine Denkfabrik in Washington, wertet den Plan »Made in China 2025« als eine »Initiative zur umfassenden Aufwertung der chinesischen Industrie«. Und dazu gehört eben auch, dass der inländische Anteil der Produktion und Wertschöpfung von vierzig auf siebzig Prozent erhöht wird – was auf der anderen Seite natürlich auch eine Reduzierung des ausländischen Anteils bedeutet. Die sinkenden Marktanteile werden seit Jahren schon im Westen beklagt. Offenkundig hatte man in den kapitalistischen Zentren darauf gehofft, dass aus der Werkbank der Welt auch der Basar der Welt werden würde, auf dem man alles loswürde, was der eigene Markt nicht mehr verkraftet.

Die Stärkung der Volkswirtschaft erlaubt auch die Stärkung der Streitkräfte, was aber – wie bereits deutlich gemacht – nicht Selbstzweck ist, sondern dem Schutz des Landes und der Herstellung einer internationalen Friedensordnung dient, also der Sicherung der bestmöglichen äußeren Bedingungen für die weitere Entwicklung des Landes, der Region und der Welt. Die Schlüsseltechnologien zur Modernisierung der Volkswirtschaft, der staatlichen Verwaltung und der gesellschaftlichen Kommunikation werden darum auch bei den Streitkräften, der Polizei und den Nachrichtendiensten eingesetzt: von Digitalisierung bis Künstlicher Intelligenz. Man spricht von einer »zivil-militärischen Fusion« der Zukunftstechnologien. Darin unterscheidet man sich grundsätzlich etwa von der Sowjetunion, wo der militärische Sektor mit seiner Forschung und Produktion völlig vom zivilen Bereich abgekoppelt war, aber auch von den USA. Dort werden zwar Innovationen in der militärischen Forschung von komplexen Konzernen auch in der zivilen Konsumgüterproduktion eingesetzt (berühmtestes Beispiel ist die Teflon-Pfanne). Doch reine Rüstungskonzerne halten ihre Entdeckungen und Erfindungen völlig geheim.

Zu den chinesischen Innovationen gehört auch ein neuer Begriff. Er heißt *Xinxihua* und lässt sich mit Informatisierung übersetzen. Er schließt Informations- und Kommunikationstechnologien ein – das sind die Mittel – und erfasst auch den Zweck und das Ziel ihres Einsatzes. Die militärische Dimension der Informations- und Kommunikationstechnologien liegt auf der Hand.

In der wiederholt zitierten »Historischen Resolution« vom November 2021 werden alle diese Faktoren und Elemente einer militärstrategischen Richtlinie genannt. Bis 2027 – zum 100. Jahrestag der Gründung der Armee – sollen die chinesischen Streitkräfte modernisiert werden. Bis 2035, der zweiten Phase, soll die Modernisierung der Landesverteidigung und der Armee »im Großen und Ganzen« abgeschlossen sein. Und in Phase 3, zur Mitte

In einer Abteilung des Nationalmuseums am Platz des Himmlischen Friedens werden die technischen Errungenschaften der Volksrepublik gezeigt – vom Tiefseetauchboot »Fendouzhe« bis zur Raumstation »Tiangong«, mit deren Aufbau im April 2021 begonnen wurde. Im Juni 2022 koppelten zwei Tianzhou-Raumfrachter an. Unterhalb des Moduls hängt das Raumschiff »Shenzhou 14«.

des Jahrhunderts, soll die Volksbefreiungsarmee »eine Spitzenarmee auf Weltniveau« sein. Was darunter zu verstehen ist, wird im Nebel der politischen Sprache nicht ganz klar: Was sind die Kriterien für »Spitze«, und woran misst man beim Militär »Weltniveau«? Wesentlich präziser ist man bei der Verantwortung und Zuständigkeit, woraus sich der eindeutig politische Auftrag der chinesischen Streitkräfte ableitet: »Beim Aufbau einer *Starken Volksarmee* geht es an erster Stelle darum, unbeirrt am grundlegenden Prinzip und System festzuhalten, nämlich der absoluten Führung der Volksarmee durch die Partei.«

Soldaten und Spione

Spione sind ein äußerst wichtiges Element des Krieges, denn von ihnen hängt die Fähigkeit der Armee ab, sich zu bewegen.

Sunzi in: »Die Kunst des Krieges«

Wenn ich in China unterwegs war, begegneten mir kaum Soldaten in Uniform auf den Straßen. Es war nicht so wie seinerzeit in der DDR, wo man auf Schritt und Tritt uniformierte junge Männer traf. Das lag aber primär daran, dass zumindest bei den Grundwehrdienstleistenden bei Ausgang und Urlaub so gut wie keine Zivilerlaubnis erteilt wurde. Die Soldaten sollten als Angehörige der Volksarmee auf diese Weise Flagge zeigen. Im Unterschied zu den Matrosen der Volksmarine hatten die Jungs im traditionellen deutschen Feldgrau damit jedoch einen ziemlich schweren Stand. Die Sowjetsoldaten hingegen kamen kaum aus ihrer Kaserne, dafür gab es verschiedene Gründe, ein wesentlicher war gewiss das Lebensniveau der DDR-Gesellschaft. Die einen verstanden nicht, weshalb die Deutschen, die doch 1945 den Krieg verloren hatten, weitaus besser lebten als die Sieger. Andere Wehrdienstpflichtige, die mitunter aus abgeschiedenen Gegenden in der Sowjetunion kamen, erlebten einen Kulturschock. So beschränkten sich die sporadischen Kontakte auf gegenseitige Besuche im »Regiment nebenan«, auf Freundschaftstreffen, kollektive Stadtbesichtigungen und

Weibliche Kadetten der chinesischen Volksbefreiungsarmee unterwegs zur Ausbildung

gelegentliche Arbeitseinsätze in der Landwirtschaft zur Sicherung der eigenen Versorgung oder in der Industrie. Man half sich gegenseitig. In der DDR-Bevölkerung war das Mitleid mit den »armen Jungs« größer als das Gefühl, von ihnen besetzt zu sein. Daran änderte auch die Tatsache nichts, dass sie gelegentlich mit Militärfahrzeugen zu Truppenübungsplätzen und bei Manövern unterwegs waren, wobei die sowjetischen Soldaten zurückhaltend operierten und sich hilfsbereit zeigten, wenn ein Anwohner mit seinem PKW liegengeblieben war oder sonst irgendeine helfende Hand benötigt wurde. Die rund eine halbe

Nicht nur jungen männlichen Rekruten verdrehen die Soldatinnen den Kopf. Mitunter tut dies auch die militärische Wehrertüchtigung.

Million Sowjetsoldaten in der DDR waren zwar vorhanden, aber so gut wie unsichtbar in der Öffentlichkeit.

So viele Chinesen in Uniform, wie ich Bundeswehrsoldaten in westdeutschen Garnisonsstädten traf, liefen mir in China jedenfalls nicht vor die Füße.

Nun muss man wissen, dass China in den verflossenen drei Jahrzehnten in allen gesellschaftlichen Bereichen einen gewaltigen Sprung nach vorn gemacht hat, inklusive bei den Streitkräften. Noch zu Beginn der neunziger Jahre waren die eine Massenarmee, die dreieinhalb Millionen Mann zählte. Man konnte nicht sagen »dreieinhalb Millionen Mann unter Waffen«, denn nicht alle Soldaten besaßen eine Handfeuerwaffe – was bei dem Konflikt mit Vietnam 1979 offenbar wurde. Man schickte Tausende und Abertausende ohne Waffen ins Gefecht in der irrigen Annahme, dass die Nachfolger die Maschinenpistolen der

Der Autor bei einem Ausflug mit chinesischen Freunden in die Natur.
Sie alle trugen inzwischen keine Uniform mehr, waren zivil.

Gefallenen übernehmen würden. Die Sowjetunion lieferte kaum noch Waffen und Ersatzteile für die Technik,
mit der sie seinerzeit die Volksbefreiungsarmee ausgerüstet hatte. Ein Großteil der schweren Waffen, Fahrzeuge
und Flugzeuge war nicht einsatzbereit, und es brauchte
Jahrzehnte, ehe die eigene Industrie in der Lage war zu
liefern. Das erklärt auch, weshalb die Chinesen so stolz
sind auf die Jagdflugzeuge, Flugzeugträger und Schiffe, U-
Boote und Satelliten usw., die sie selbst entwickelt haben.

Nicht nur wegen der schlechten Ausstattung und Versorgung der Streitkräfte, aber auch deshalb, hatte man
mit der Schaffung eines Systems von AIC begonnen.
Die Abkürzung steht für *Aministration for Industry and*

Commerce. Das war aber mehr als nur eine staatliche Verwaltung, die die Ansiedlung und Kontrolle von Unternehmen im Sinne eines Firmenregisters besorgte. Solche Einrichtungen entstanden zwangsläufig nach den 1978 eingeleiteten Reformen, und bei diesen staatlich geführten Unternehmensregistern folgte man dem Muster der USA. Doch man wich sowohl in struktureller als auch inhaltlicher Hinsicht von diesem Vorbild ab. In den USA gab es in jedem Bundesstaat eine solche Behörde, in China orientierte man sich nicht nur nach der politischen Verwaltungsstruktur, sondern auch nach militärischen Gesichtspunkten. Und die Einheiten waren nicht immer gemäß der politischen Struktur disloziert. Es gab auch militärische AIC, deren Aufgabe in der Versorgung der Truppenteile bestand: Sie betrieben landwirtschaftliche Betriebe und auch Manufakturen. Geführt wurden sie militärisch: An der Spitze der Division stand ein General, es ging in der militärischen Hierarchie über Regimenter, Bataillone bis hinunter auf Kompanieebene.

Eine solche militärisch geführte Wirtschafts-Struktur hatte gegenüber der zivilen den Vorzug, dass es keine langen Verwaltungs- und Entscheidungswege gab. Es wurde nicht diskutiert, sondern befohlen. Was sich insbesondere bei Krisen und Katastrophen als Vorteil erwies. Im Laufe der Jahrzehnte festigte sich jedoch die staatliche Macht und deren Verwaltung, es gibt inzwischen ein zentralisiertes System der Unternehmensregistrierung, die lokalen und regionalen Niederlassungen der AIC wurden aufgelöst. Die zentrale *Aministration for Industry and Commerce* erfüllt Aufgaben, die in den USA und Australien die Handelsministerien und in Großbritannien das Ministerium für Unternehmen, Innovation und Qualifikationen besorgen: Sie sorgt für Markregulierung und

Verbraucherschutz, kontrolliert und verhindert unlauteren Wettbewerb, registriert Unternehmen und Marken. Wer in China Geschäfte machen will, kommt an dieser Institution nicht vorbei.

Mit den lokalen und regionalen Niederlassungen der AIC verschwanden auch die adäquaten Institutionen bei den Streitkräften, denn diese waren nicht mehr als Wirtschaftsunternehmen zu handeln gezwungen. Ausgenommen Xinjiang und Tibet, wo die Gefahr gesellschaftlicher Erschütterungen und Übergriffe, wie die jüngste Vergangenheit zeigte, höher ist als im restlichen Land. Dort bestehen militärische AIC weiter.

In keinem Land der Welt wird man als ausländischer Tourist, der durch eine Garnisonsstadt schlendert, von Soldaten eingeladen, ihre Kaserne zu besichtigten. Schon aus Gründen der Geheimhaltung sind militärische Objekte gemeinhin tabu. Zudem sind die Zustände in den Kasernen von Land zu Land verschieden, was mit der Kultur, aber auch mit den materiellen Potenzen des Staates zu tun hat.

Zu Beginn der siebziger Jahre hatte die Peenewerft in Wolgast ein neues Minensuch- und Räumschiff (MSR) für die Volksmarine gebaut, und da man das moderne Schiff auch in Serie bauen wollte, damit sich die Entwicklungskosten amortisierten, suchte man auch Käufer im sozialistischen Ausland. Eine sowjetische Militärdelegation musterte das Schiff und rümpfte die Nase angesichts der geblümten Bettwäsche, der Duschen und mehrerer separater WC. Den Kampfwert eines Schiffes bemaßen sie ausschließlich nach der Bewaffnung, die Unterbringung der Mannschaften spielte bei diesen Überlegungen keine Rolle. Nein, diesen Luxusdampfer wollten sie weder in

Soldaten der Volksbefreiungsarmee werden vorzugsweise auch bei Naturkatastrophen und anderen Unglücksfällen eingesetzt.

der Baltischen Rotbannerflotte noch in überhaupt einer Flotte der sowjetischen Marine.

Da ich selbst Militär war und die in Armeen herrschenden Gepflogenheiten kenne, habe ich in China nie den Wunsch geäußert, eine Kaserne von innen sehen zu wollen. Ich habe es auch unterlassen, meine chinesischen Freunde mit allzu neugierigen Fragen zu ärgern oder sie gar zu falschen Schlüssen zu verführen. Sie selbst disziplinierten sich ebenfalls: Freundschaft hin oder her.

Als ich 2008 zum ersten Mal in der Hafenstadt Dalian war – seit 1984 Sonderwirtschaftszone und seit 1988 Partnerstadt von Rostock –, begleitete mich ein chinesischer Freund, der Jahrzehnte in der Volksbefreiungsarmee gewesen war. Er zeigte mir viel in der Metropole mit den sieben Millionen Einwohnern, und noch mehr wusste er zu erzählen. Aber er zeigte mir den strategisch wichtigen Militärhafen nur von einer Anhöhe und die Kaserne, in

Plastik eines jungen Soldaten der Roten Armee, die im Militärmuseum in Peking steht. So sah die Militärkleidung in den vierziger Jahren aus.

der er gedient hatte, nur aus der Distanz. Das war die Grenze der Offenheit. Und ich verstand ihn.

Bei den Reisen durchs Land musste ich mich dort, wo ich abstieg, bei der zuständigen Polizeiwache melden. Und ich hielt mich auch an die Route, die ich bereits in meinem Visum-Antrag genannt hatte. Ich hatte damit keine Probleme, denn ich reiste ja nicht in unlauterer Absicht, ich wollte etwas sehen, aber nichts ausspähen. Es ging natürlich um meine Kontrolle, aber eben auch um meine Sicherheit. Ich war in einem völlig fremden

Die militärische Grundausbildung ist vermutlich in allen Armeen gleich.

Riesenland, sprach weder die Landessprache und kannte nicht die Schriftzeichen. Da konnte man rasch »verloren gehen«. Nichts fürchteten die Behörden mehr als die Nachricht, dass ein Ausländer bei ihnen verschwunden sei. Das Geschrei im Heimatland des Verschollenen, das nicht unbedingt zu den Freunden Chinas gerechnet werden kann, wäre groß. Nein, das wollte man sich nicht antun. Und ich mir ebenfalls nicht.

Natürlich ist es für unsereinen ungewohnt, unmittelbar nach dem Verlassen des Flugzeuges elektronisch erfasst zu werden. Die Abdrücke aller zehn Finger wurden ebenso gescannt wie das Konterfei. Das wiederholte sich einige Male, ehe man das Gepäck in Empfang nahm. Dieses konnte man in der großen Halle aber getrost unbeaufsichtigt stehen lassen und unbesorgt ein Restaurant aufsuchen. Denn man konnte sicher sein, dass ein möglicher

Soldaten der Volksbefreiungsarmee wurden auch bei der Bekämpfung der Pandemie eingesetzt. Die Führung in Peking verfolgte eine Null-Covid-Strategie, was sich auch auf die Volkswirtschaft auswirkte.

Dieb, der sich der Tasche bemächtigen sollte, damit nicht bis zum Ausgang kommen würde. Dafür sorgten die vielen Kameras ringsum.

In Peking begrüßten mich zwei Offiziere der Volksbefreiungsarmee auf dem Internationalen Airport, ich war avisiert. Die Kollegen von der anderen Feldpostnummer brachten mich ins Hotel. Aber so förmlich war das alles nicht. Einer der beiden war mein Freund Schahai, den ich seit geraumer Zeit kannte. Er diente bei den Raketentruppen und weilte zu einem Lehrgang in der Hauptstadt. So fügte sich eins zum anderen.

Man stelle sich vor: Ich hätte, Offizier der NVA, auf unserem Zentralflughafen Berlin-Schönefeld einen französischen Kollegen begrüßt und wäre mit diesem durch unsere Hauptstadt flaniert. Es ist zu vermuten, dass dies nicht ohne Ärger für mich abgegangen wäre …

Und keineswegs vorstellen musste ich mir, was passierte, würde ich als Bundeswehroffizier in Afghanistan die kritikwürdigen Verhältnisse vor Ort in einem Brief an den Bundesaußenministern ansprechen. Ich musste mir das nicht vorstellen, weil ich es erlebt habe: Ich wurde als militärpolitischer Berater des Botschafters gefeuert.

Quo vadis?

Die größte Leistung besteht darin,
den Widerstand des Feindes ohne einen
Kampf zu brechen.

Sunzi in: »Die Kunst des Krieges«

Bei meiner ersten Reise nach China mailte ich meinen
Freunden daheim: »Grüße aus der Zukunft in die Vergangenheit.« Ich war in Berlin-Tegel aufgebrochen (der
Airport sollte Ende 2020 geschlossen werden). Die Fahrt
mit den öffentlichen Verkehrsmitteln in der Hauptstadt
bis dort: eine Herausforderung – mehrmals umsteigen,
warten, Gedränge. Der Flughafen: Gedränge, Lärm, sti-
ckig, abweisend. Bewaffnete Patrouillen der Bundespoli-
zei. Gut, die Sicherheit. Muss sein. Ich stelle mir vor, wie
dieses Bild auf harmlose Reisende wirkt, die aus friedlichen Gegenden kommen.

Die Toilette ist winzig, der Koffer passt nicht mit
hinein. Kann ich ihn draußen stehen lassen? Ist er dann
noch da, wenn ich zurückkomme? Ständig wird über die
Lautsprecheranlage gewarnt, man solle auf sein Gepäck
achten.

Die meisten Mitreisenden, die in die Maschine der
Hainan Airlines wollen – die größte private chinesische
Fluggesellschaft sollte während der Pandemie insolvent
gehen –, stehen stumm und warten geduldig auf den
deutschen Beamten, der ihre Pässe kontrollieren soll. Der

verspätet sich augenscheinlich. Kein murrendes Wort, ich würde es ohnehin nicht verstehen. Die Chinesen, Touristen wie Dienst- und Heimreisende, sind diszipliniert.

Dann dürfen wir mit Verspätung an Bord, die Maschine hebt mit Verspätung ab. Ist ja ein Direktflug. Die meisten Chinesen entledigen sich ihres Schuhwerks und schlüpfen in mitgebrachte Badelatschen. Die stammen oft aus Hotels.

Das Flugzeug nimmt Kurs auf Litauen, fliegt nördlich an Minsk vorüber. Dort wohnen Freunde von mir, die unter den Sanktionen des Westens gegen Russland seit 2014 leiden. Die Wirtschaft von Belarus ist mit der russischen seit Sowjettagen verbunden. Wohin soll das noch führen, denke ich, während die Turbinen des Airbus dröhnen. Nicht wissend, dass es 2022 noch schlimmer kommen würde: Der Luftraum über dem sechsten Teil der Erde ist seit Beginn der Sanktionen des Westens gegen Russland dicht. Ein Flug auf dieser Route nach Fernost unmöglich.

Wir passieren Moskau, überqueren die Wolga und verlassen überm Ural Europa. Stunde um Stunde fliegen wir über sibirische Wälder. Als wir über den Baikal gleiten, steigt die Sonne im Osten über den Horizont. Blutrot, dann heller und größer werdend. Wir fliegen weiter, was für ein unendlich großes Land. Und das wollen Kleingeister mit ihrem Größenwahn in die Knie zwingen? Auch ein Koloss auf tönernen Füßen bleibt ein Koloss.

Dann geht es über mongolische Wüsten und Steppen, auch scheinbar unendlich. Ulan Bator, jetzt Ulaanbaatar, ist am südlichen Horizont deutlich zu erkennen. Es ist weit und breit die einzige Stadt, die Hälfte des gesamten Landes lebt dort – anderthalb Millionen Mongolen

Im Anflug auf Peking ist die gewaltige chinesische Mauer zu sehen, die sich wie eine Schlange über ver-

Die Chinesische Mauer: errichtet vom 14. bis zum 17. Jahrhundert zum Schutz vor auswärtigen Aggressoren. Mit einer Länge von über 21 000 Kilometern gilt sie als das größte Bauwerk der Welt.

schneite Berge windet. Einst als Bollwerk gegen den Ansturm wilder Steppenkrieger errichtet, legt sie heute noch Zeugnis von der Existenz einer chinesischen Hochkultur ab, als in Europa noch tiefes Mittelalter herrschte.

Sinkflug, Vorstädte, Skylines, Autobahnschleifen in mehreren Etagen, Schnellbahntrassen, Tempel, eine Weltmetropole – die »Nördliche Hauptstadt«: BEIJING.

Als wir das Flugzeug verlassen, stehen bereits die Frauen einer Putzkolonne in Reih und Glied. Das Terminal – großzügig, modern, weit und luftig. Kein Vergleich mit Tegel. Berlin ist Provinz, Peking die Welt. Zunächst passieren wir medizinische Kontrollpunkte, Reisende aus Westafrika werden freundlich herausgewunken. Es

Den Akademikern in der Volksbefreiungsarmee gehört die Zukunft. Die künftigen »Schlachten« werden in den Köpfen ausgetragen und entschieden.

grassiert in dieser Region mal wieder eine Seuche. Test, eventuell Quarantäne. Wir, die wir weiter dürfen, schauen mitleidig – und sind froh, dass es nicht uns getroffen hat.

Die Einreisekontrolle ist rasch erledigt, das Gepäck bereits auf dem Band. Freunde erwarten mich, sie haben mir bereits das Bahnticket nach Jilin besorgt. Ohne ihre Hilfe hätte ich es nicht geschafft, ich hätte wahrscheinlich in Peking übernachten müssen. Und die Hotelpreise in Peking sind nicht gerade niedrig. Da hat man auch schon Weltniveau erreicht.

Es ist Neujahr. In China beginnen die Jahre zwischen dem 21. Januar und dem 20. Februar, am zweiten Neumond nach der Wintersonnenwende. Der 1. Januar ist kein besonderes Datum in China. Trotzdem stehen überall geschmückte Weihnachtsbäume und wünschen bunte Schriftzüge »A happy New Year!«, Putzbrigaden und Serviceteams marschieren im Gleichschritt vorüber.

Die Luft draußen ist rein, kein Smog. Es ist null Grad, die Sonne scheint, dennoch schneidet kalter Wind ins Gesicht. Mit dem Airport-Express geht es weiter zum Hauptbahnhof. Wieder werden das Gepäck durchleuchtet und die Papiere kontrolliert. Bei allen, nicht nur bei den Ausländern. Seit den Anschlägen der Uiguren in der Hauptstadt sind die Sicherheitsmaßnahmen dramatisch verschärft worden. Auf dem Bahnhofsvorplatz herrscht Gedränge, drinnen nicht minder.

Am frühen Abend setzt sich der Schlafwagen-Express mit zwanzig Waggons in Bewegung. Vor mir liegen etwa 700 Kilometer, Jilin ist eine Industriemetropole in der Mandschurei. Sie liegt faktisch auf halbem Wege zwischen Peking und Wladiwostok.

Das Ticket weist meinen Namen und meine Passnummer auf, ist also nicht übertragbar. Das gilt für alle Fahrscheine. Ohne ein solches Papier kommt man nicht einmal auf den Bahnsteig, geschweige denn in sein Abteil. Die Reise durch die Nacht kostet mich umgerechnet 35 Euro. Ich hätte auch mit dem Express fahren können, der braucht für die Strecke nur halb so lang, ist aber dafür auch fast doppelt so teuer. Binnen zehn Jahren hat China landesweit ein neues Schienennetz mit Bahnhöfen nur für die Schnellzüge angelegt, darunter auch die Tibet-Bahn. Für die fast zweitausend Kilometer zwischen Xining und Lhasa braucht sie etwa siebzehn Stunden. Der höchste Punkt der Strecke – Weltrekord – liegt bei mehr als fünftausend Meter, der längste Tunnel ist fast dreiunddreißig Kilometer lang …

Im Licht der untergehenden Sonne sieht man den Kontrast zwischen den städtischen Siedlungen und dem Land. Die Wohnsiedlungen bestehen im Wesentlichen aus Hochhäusern, von denen kaum eines älter als zwanzig Jahre ist. Überall stehen Kräne, die jedoch im Winter nur stehen. Es ist eisig kalt, die Arbeit auf den Großbaustellen ruht, die Heere von Wanderarbeitern sind nach Hause zurückgekehrt, um zu überwintern. Sobald die Temperaturen über Null steigen, geht es weiter: Häuser, Straßen, Brücken, Schulen, Kindergärten, Schwimm- und Sporthallen, Trinkwasser- und Abwasserleitungen, Glasfaserkabel, Telefonantennen der neuesten Generation, Grünanlagen. Die ganze Infrastruktur eben, die moderne Menschen zum Leben brauchen.

Die An- und Umsiedlung wird unbürokratisch organisiert, individuelle Wünsche finden jedoch kaum Beachtung. Muss für den Bau von Straßen oder anderer Projekte ein Dorf weichen, wird dies – auch gegen den Willen einzelner – durchgesetzt. Es gibt eine angemessene finanzielle Abfindung, aber die kann nicht die vertraute Umgebung ersetzen. Der Fortschritt hat seinen Preis, ihn zahlen vornehmlich die Alten.

Zumeist stehen die Häuser in geschlossenen und bewachten Wohnanlagen oder Wohnparks, die Anwohner bekommen Zutritt mit elektronischen Schlüsseln oder per digitalisierter Gesichtserkennung, Gäste müssen wie überall auf der Welt klingeln. Meist haben die Wohnanlagen Tiefgaragen, und seit Jahren tüftelt man an Parkplätzen an den Häuserfassaden. Der Platz für den »ruhenden Verkehr« ist rar, die Straßen in den Ballungszentren dauerhaft verstopft …

Der Bahnhof in Jilin, der Provinz in der Mandschurei, ist riesig. Er wurde vor drei Jahren fertiggestellt und auf

In Jilin bei Freunden. Auch wenn man ein Privatquartier in China bezieht, muss man sich auf der nächstgelegenen Polizeiwache melden

Zuwachs gebaut. Die Bahnhofsvorhalle übertrifft in der Höhe die des Leipziger Hauptbahnhofes bei weitem. Die Stadt hat derzeit dreieinhalb Millionen Einwohner. Draußen ist es saukalt, das Thermometer zeigt 20 Grad unter Null. Es ist eine trockene Kälte, die ins Gesicht schneidet. Die Massen ergießen sich über Rolltreppen auf den Vorplatz. Die Koffer sind im festgetretenen Schnee nur schwer zu bewegen. Schnell zum Taxistand.

Der Fahrer fährt zügig durch den vierspurigen Verkehr in die City. Während er immer wieder die Spur wechselt, versendet er Mails und SMS mit seinem Handy. Sein Sicherheitsgurt baumelt unbenutzt am Holm. Draußen fliegen überdimensionale Reklametafeln und flackernde Videoleinwände vorüber.

Auffällig ist die Vielzahl von Neuwagen, darunter viele deutsche Marken. Aber auch koreanische und japanische Fahrzeuge sehe ich.

Ich werde von Freunden erwartet. Aber auch im Privatquartier muss man sich bei der nächstgelegenen Polizeiwache melden. Als Langnase fällt man auf, liefert allerdings keinen Grund, dass sich die Leute nach einem umdrehen. Zumindest nicht in der Stadt. In den abgelegenen Dörfern ist das etwas anders. Da ist man ein Exot, der bestaunt wird …

Seit drei Jahren ist es kaum möglich, nach China zu reisen. Das heißt: Möglich ist es schon, aber wer nimmt schon vierzehn Tage Quarantäne in einem Hotelzimmer freiwillig in Kauf? China verfolgt eine Null-Covid-Strategie, will sich von dem Virus befreien. Der Preis jedoch ist hoch und das Virus noch da. Die Wirtschaft ist durch den Lockdown und die nachfolgenden Maßnahmen stärker als erwartet eingebrochen, die Umsätze im Einzelhandel sind zurückgegangen, die Arbeitslosigkeit ist wieder so hoch wie am Beginn der Pandemie im Februar 2020 – im April 2022 lag sie bei 6,1 Prozent. »Die Ausbreitung der sich schnell verbreitenden Omikron-Variante stellt die strikte chinesische Strategie längst auf eine harte Probe. Millionen Menschen in Metropolen wie Shanghai, Changchun oder der Provinz Jilin stecken seit Wochen in Lockdowns und dürfen ihre Wohnungen nicht verlassen. In Peking sind zahlreiche Nachbarschaften abgeriegelt. Die meisten Geschäfte und viele U-Bahnhöfe sind geschlossen. Millionen müssen im Homeoffice arbeiten«, meldete die *Tagesschau* am 16. Mai 2022.

Und man nährt nicht nur im deutschen Fernsehen Zweifel, dass das Wachstumsziel von 5,5 Prozent, welches

Schießausbildung mit einer schultergestützten Ein-Mann-Boden-Luft-Rakete

die chinesische Führung für 2022 ausgegeben hat, erreicht werden kann.

Nun, der besorgte Zweifel ist Teil des seit Jahren in Deutschland gepflegten China-Bashings. Das wurzelt im traditionellen Antikommunismus und speist sich aus der Nibelungentreue zur USA. Die noch immer weltstärkste Wirtschaftsmacht versucht ihren Niedergang aufzuhalten, indem sie mit allen Mitteln gegen den wichtigsten Konkurrenten kämpft. Und indem sie sich bemüht, eine neue Weltordnung nach ihren Vorstellungen zu schaffen. Allerdings haben die Vereinigten Staaten diese Rechnung ohne die Welt gemacht. In den BRICS-Staaten (Brasilien, Russland, Indien, China und Südafrika) leben drei Milliarden Menschen, es ist ein alternatives Machtzentrum zu den USA und ihren Verbündeten. Auch darauf zielt der Stellvertreter-Krieg in der Ukraine. Teile und herrsche – dieses alte imperiale Prinzip, so hofft man in Washington, muss funktionieren.

Vor zehn Jahren, als die Neuausrichtung der US-Strategie begann und der »Pivot to Asia« von US-Präsident Barack Obama vollzogen wurde, assistiert von Außenministerin Hillary Clinton, machte ich mir Gedanken, wohin die Reise gehen würde. Ich schrieb dies in einem Artikel nieder, der am 7. April 2012 im *neuen deutschland* erschien. Ich war, als ich ihn jetzt wieder las, von der bestürzenden Aktualität erschüttert. Die Entwicklung ist so weitergelaufen, nichts hatte sich an Wesen und Intentionen verändert. Ich schrieb:

»Die Zukunft der Politik wird in Asien [...] entschieden [...] und die Vereinigten Staaten werden direkt im Zentrum des Geschehens sein.« Das schrieb Außenministerin Hillary Clinton unter dem Titel »Amerikas Pazifisches Jahrhundert« im US-Magazin *Foreign Policy* im November 2011. Eine breit verteilte militärische Präsenz der USA im Raum zwischen Pazifischem und Indischem Ozean biete große Vorteile, meinte sie. So wären die Vereinigten Staaten besser positioniert, um humanitäre Missionen zu unterstützen und mit ihren Partnern robuster gegen Bedrohungen für den regionalen Frieden und die Stabilität vorzugehen. Die USA wollten Partner, die anderer Auffassung sind, zu Reformen und zu besserer Regierungsführung sowie zum Schutz von Menschenrechten und politischen Freiheiten auffordern. Clintons Beitrag schloss mit dem Ausblick, dass Amerika für die nächsten sechzig Jahre in der asiatisch-pazifischen Region präsent und dominant bleiben werde.

Die USA wollen also Asien, den größten Kontinent, mit politischen, wirtschaftlichen und militärischen Mitteln ihren strategischen Zielen unterordnen. Dazu suchen sie

Verbündete und bilden Allianzen – durch Kooperation, Partnerschaft und militärischen Druck. Ein Ring von US-Militärbasen – von Korea über Okinawa und Guam bis Pakistan, Afghanistan und Kirgistan – umschließt China.

Asien und der pazifische Raum sind den US-Militärs nicht fremd. Dort wurden Kernwaffen gegen japanische Städte eingesetzt. In Korea, Vietnam, Afghanistan und Irak wurden brutale Kriege geführt – nicht selten von Terror und Verletzungen des Kriegsvölkerrechts begleitet. Und dennoch – die Fähigkeit zum asymmetrischen Kampf und die moralische Überlegenheit vor allem des vietnamesischen und afghanischen Widerstands haben den USA die Grenzen ihrer Macht demonstriert.

Die neue Militärstrategie der USA beschränkt sich jedoch nicht auf eine geografische Schwerpunktbildung. Sie entwirft ein völlig neues Kriegsbild. Der Krieg neuen Typus wird eine Kombination von Cyber- und kosmischen Operationen mit massivem Einsatz effektiver Vernichtungsmittel sein. Völlig neue operative Ansätze und taktische Verfahren werden entwickelt. Die Eroberung fremder Territorien durch Heereskräfte mit Luftunterstützung soll durch die grenzüberschreitende Vernichtung von Zielen mit Raketen, Marschflugkörpern, Kampfflugzeugen, Hubschraubern und unbemannten Kampfdrohnen auf der Basis einer weltraumgestützten globalen Aufklärung abgelöst werden. Die Konzentration auf Schläge aus der Luft, das »abstrakte« Töten auf Distanz, wird zur weiteren Senkung der Hemmschwellen bei der Vernichtung von Leben führen. Durch die Entpersonalisierung des Gefechtsfeldes, aus der Ferne geführte überraschende Schläge aus dem Hinterhalt, wird die ethische und moralische Verantwortung der kriegführenden Seiten in den Hintergrund gedrängt.

»Nicht die chinesische Flotte kreuzt vor den Küsten Amerikas, sondern die US-Flotte zeigt immer wieder Präsenz in der Nähe der chinesischen Territorialgewässer«, schrieb der Autor 2012. Da war der erste chinesische Flugzeugträger »Liaoning« noch im Bau.

Der Krieg gegen Libyen 2011 war die Generalprobe einiger Komponenten und Ansätze dieser neuen Kriegsform. Auch die derzeitigen Machtdemonstrationen um Syrien und Iran laufen nach dem neuen Drehbuch der USA-Strategie. Es geht, wenn auch verdeckt, im Grunde um die Schwächung des Einflusses Chinas und Russlands.

Während die USA im letzten Jahrzehnt aussichtslose Kriege in Afghanistan und Irak führten und dafür ihren Staatshaushalt extrem strapazierten, gelang es China, dank andauernd hoher Wachstumsraten gewaltige Staatsreserven anzuhäufen, darunter einen erheblichen Anteil von Staatsanleihen der USA. Schneller als erwartet wuchs die Volksrepublik zu einer neuen Supermacht mit gewaltigen wirtschaftlichen und finanziellen Kapazitäten.

Auf vielen Gebieten beginnt sie die globale Führungsrolle der USA friedlich zu gefährden. Die Eliten jenseits des Pazifik fürchten, dass der Aufstieg Chinas unaufhaltsam sein könnte. Sie wissen, dass sich die Reserven Chinas an Kapital und Wirtschaftskraft als unschlagbar erweisen könnten. Dabei ist Chinas Aufstieg nicht mit dem der USA im 20. Jahrhundert vergleichbar. Er verläuft schneller, dynamischer, asymmetrisch und ist weder von Weltherrschaftsambitionen noch von militärischer Gewalt begleitet.

Die Eliten des modernen Amerikas wissen freilich auch um Chinas derzeitige Schwächen auf dem Gebiet der militärischen Hochtechnologie. Daraus könnte der Fehlschluss folgen, dass es unter Umständen Erfolg verspräche, die militärische Karte zu spielen. Vor diesem Hintergrund wird klar, warum Washington einen neuen strategischen Kurs einschlägt. Hochtechnologisch dominierte Waffengänge statt traditioneller militärischer Gefechte – das haben aggressive Kräfte der USA als ihre vielleicht letzte Chance im Duell mit China ausgemacht.

Bei den potenziellen Gegnern der USA handelt es sich nun aber wieder um Staaten, die im Besitz von Kernwaffen sind oder ihn anstreben. Zur Unberechenbarkeit der Eskalationsstufen eines Krieges trägt überdies die Kombination von Sanktionen, subversiven Operationen, Einflussnahme auf oppositionelle Kräfte in bestimmten Staaten, deren Bewaffnung, finanzielle und logistische Unterstützung mit den eigenen militärischen Aktivitäten in geografischer Nähe bei.

Nicht die chinesische Flotte kreuzt vor den Küsten Amerikas, sondern die US-Flotte zeigt immer wieder Präsenz in der Nähe der chinesischen Territorialgewässer. China ist auf die Sicherheit der Seewege von Afrika und dem Mittleren Osten durch den Indischen Ozean und das Südchinesische Meer angewiesen, um seine Wirtschaft mit Rohstoffen zu versorgen. In diesen Raum fernab des eigenen Gebiets wollen die USA vordringen und ihren Einfluss verstärken. Eine Herausforderung für China!

Natürlich gibt es Interessenunterschiede zwischen Anrainerstaaten ost- und südchinesischer Seegebiete bezüglich des Zugangs zu einigen unbewohnten Inselgruppen. Diese Divergenzen müssen friedlich gelöst werden. Das Auffahren strategischer Geschütze der USA in Form einer neuen globalstrategischen Gewichtung ist jedoch völlig unangemessen.

Nicht China verfügt über einen Ring von Militärbasen um die USA, sondern umgekehrt. Nicht China formuliert in seiner Militärstrategie eine auf mindestens sechzig Jahre ausgelegte Präsenz in Nordamerika, sondern die USA im asiatisch-pazifischen Raum. Seit Jahren arbeiten die USA an der Vervollkommnung ihrer militärtechnologischen Überlegenheit, an neuen Waffen und verbesserten operativen und taktischen Verfahren ihrer Streitkräfte. China muss gewaltige Mittel aufwenden, um seinen Rückstand auf diesem Gebiet zu beseitigen. Es wird den amerikanischen Fähigkeiten eigene, asymmetrische entgegensetzen müssen. Diesem Ziel dient die derzeitige Erhöhung des Verteidigungsetats Chinas. Diese Entwicklung könnte eine neue Spirale des Wettrüstens einleiten.

Angriffskriege des Westens und verdeckte Aktivitäten gegen souveräne Staaten werden propagandistisch unter dem Vorwand des Schutzes der Menschenrechte vorbereitet. In westlichen Medien wird durch die Verbreitung von Teilwahrheiten und falschen Sachverhalten ein verzerrtes Welt- und Chinabild vermittelt.

Welches westliche Medium stellt dar, dass in China eine ausgeglichene und traditionell auf Harmonie orientierte Gemeinschaft dominiert? Wo wird festgestellt, dass der chinesischen Gesellschaft keine Kräfte innewohnen, die an Krieg und Aggression interessiert sind, weil sie daran verdienen? Die großen Rüstungskonzerne stehen unter strenger Kontrolle des Staates. Staatliche Mechanismen verhindern, dass Großbanken eigene Interessen pflegen oder gar Regierung, Volksvertretung und Justiz beeinflussen. Es gibt weder Rüstungskonzerne noch Großbanken in privater Hand. In der Öffentlichkeit und in den Medien herrscht keine Kriegspropaganda vor, und eine Militarisierung der Gesellschaft ist nicht zu bemerken.

Das eigene System, vor allem die Staatsfinanzen, setzen Politik und Militär der USA Grenzen. Die Krise des Finanzsystems ist angesichts der Staatsverschuldung keine vorübergehende Erscheinung, sondern eine permanente. Das sind die systemimmanenten Grenzen der Macht der Vereinigten Staaten.

Daneben gibt es äußere Kräfte, die die Fähigkeiten einer offensiven Außen- und Sicherheitspolitik einschränken. Das sind folgerichtig die Staaten, auf die die amerikanischen Ambitionen gerichtet sind. Diese äußeren Kräfte sind jedoch nicht aggressiv. Die Außenpolitik Chinas beruht auf den Prinzipien der Nichteinmischung in die inneren Angelegenheiten anderer Staaten und des friedlichen Krisenmanagements. Das chinesische Engagement in Afrika und Asien, auch in Afghanistan, trägt rein wirtschaftlichen und entwicklungspolitischen Charakter. China diktiert weder politische Bedingungen noch übt es Druck auf die Regierungen aus. Und es entsendet keinerlei militärische Verbände. All dies führt zu einem steigenden Ansehen Chinas in den Entwicklungs- und Schwellenländern und stärkt seine Fähigkeiten, den globalen Ambitionen der USA entgegenzuwirken.

Die Konkurrenten in diesem neuen »Großen Spiel« versuchen natürlich, Verbündete für die Durchsetzung ihrer Interessen zu finden. China und Russland setzen auf den Ausbau der *Shanghaier Organisation für Zusammenarbeit* (SOZ) und auf die Initiativen der BRICS-Staaten (Brasilien, Russland, Indien, China, Südafrika).

Die chinesische Wirtschaft boomt weiter. Größter Absatzmarkt sind die Vereinigten Staaten. Und die USA wissen, dass ihr größter Dollargläubiger China ist. Dies wiederum schränkt die Ambitionen ein, China militärisch zu bedrängen. Eine interessante Verflechtung, die sehr viel Hoffnung auf Vernunft in sich birgt. Die Verquickung zwischen den Kontrahenten und ihre gegenseitige Abhängigkeit stellen auch eine Chance dar. So könnte ein Gleichgewicht der Kräfte wie zwischen den Blöcken im Kalten Krieg, eine Art Pattsituation, entstehen, die eine militärische Auseinandersetzung erschweren oder verhindern kann. Ein stabiler Frieden ist deshalb jedoch nicht garantiert. Die Neuausrichtung der Militärstrategie der USA bleibt eine Herausforderung für die ganze moderne Welt!

Diese Feststellung gilt noch immer, wie auch die vor zehn Jahren beschriebenen Defizite des chinesischen Streitkräftepotenzials behoben sind. Chinas Militärmacht reicht bereits heute aus, die USA von einem Angriff auf die Volksrepublik abzuhalten – auch wenn natürlich die Bedrohung bleibt. Und dass diese inzwischen hinlänglich groß ist, zeigt die Lösung der Situation in Hongkong durch die Volksrepublik. Bei einem schwächeren China

Bundeskanzlerin Merkel in Peking im September 2019 mit Minister-präsident Li Keqiang. Kein deutscher Regierungschef besuchte so oft die Volksrepublik wie sie. Präsident Xi Jinping nannte sie »lao peng-you«, eine »alte Freundin Chinas«, als sie 2021 aus dem Amt schied.

wäre auch eine Intervention von außen durchaus denk-bar gewesen. Das gleiche gilt für Taiwan. Natürlich ist die Insel Teil der Volksrepublik, und die angestrebte Wieder-vereinigung mit dem Festland steht in jedem Parteidoku-ment. Allein in der »Historischen Resolution« findet sich dieser Name zwanzig Mal, mehrmals wird betont, dass »nach der Rückkehr Hongkongs und Macaos zum Vater-land« auch die Taiwan-Frage gemäß der Richtlinie »fried-liche Widervereinigung, ein Land, zwei Systeme« gelöst werde. Und daran scheint man bereits intensiv zu arbei-ten. In der Resolution heißt es nämlich: »Die Konsultatio-nen und Verhandlungen zwischen beiden Seiten wurden stetig vorangetrieben. In beiden Richtungen wurden zudem die ›drei direkten Verbindungen‹ (direkte Post-, Luft und Schifffahrts- sowie Handelsverbindungen) umfassend verwirklicht, und es wurde auch ein Austausch zwischen den Parteien beider Seiten in Gang gesetzt.« Und an anderer Stelle wurde unterstrichen, dass die Volksrepublik sich erfolgreich der »Infiltration, Subversion und Spaltung durch feindliche Kräfte [...] bezüglich Hongkong, Taiwan, Xinjiang, Tibet und der Hoheitsgebiete auf See« widersetzt habe.

Ich bin fest davon überzeugt, dass – entgegen aller westlichen Propaganda – die Wiedervereinigung mit Taiwan friedlich erfolgen wird – wenn man die beiden machen lässt und die Einmischung von außen unterbleibt. Das aber braucht Zeit. Die Volksrepublik wird jedenfalls keinen Konflikt provozieren. Und ebenso meine ich, dass die chinesische Führung inzwischen nicht mehr daran glaubt, den Westen im Dialog, also mit Worten, von der Lauterkeit ihrer Politik zu überzeugen. Macht – und das meint ökonomische Potenz plus Verteidigungsfähigkeit – ist das einzige, was die USA und ihre Verbündeten akzeptieren. Das ist der wohl letzte Sieg des Westens: dass er nämlich China gezwungen hat, sich diesem Diktat zu unterwerfen.

Trotzdem täte die Bundesregierung gut daran, die China-Politik der Merkel-Regierung fortzusetzen. Diese hatte 2014 eine »umfassende strategische Partnerschaft« mit Peking geschlossen und einen regen und offenen politischen Austausch auf höchster Ebene gepflegt, der auf Arbeitsebene durch über achtzig verstetigte Dialogmechanismen in allen wichtigen Politikfeldern unterstützt worden war. Beide Staaten waren füreinander die größten Handelspartner in der jeweiligen Region, das Handelsvolumen betrug 2021 etwa 246 Milliarden Euro.

Chinesische und deutsche Soldatinnen und Soldaten transportieren einen »Verwundeten« bei der gemeinsamen Übung im Juli 2019.

Das chinesische Feldkrankenhaus in Feldkirchen bei der deutsch-chinesischen Übung Combined Aid 2019.

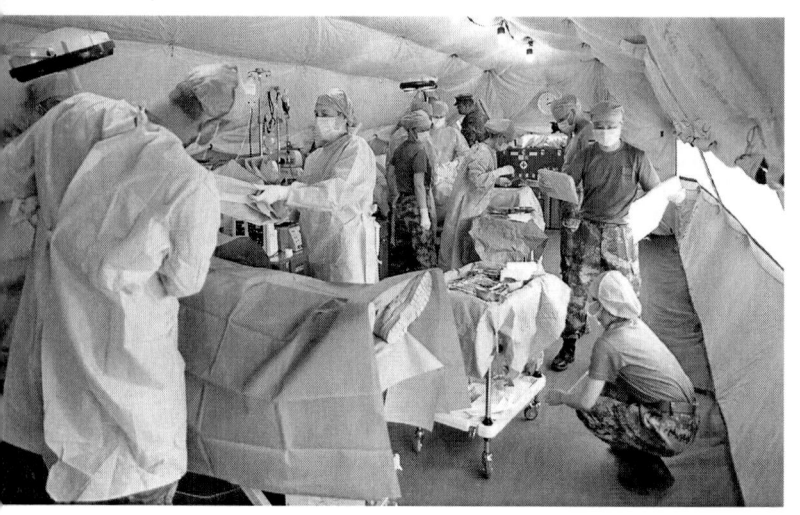

Im Operationszelt des chinesischen Feldkrankenhauses bei der gemeinsamen Übung mit zwei OP-Tischen

Damit war die Volksrepublik China zum sechsten Mal in Folge Deutschlands wichtigster Handelspartner.

Die Bundesrepublik importierte 2021 Waren aus China im Wert von 142,2 Milliarden Euro (Platz 2 Niederlande: 105,5 Millionen, Platz 3 USA: 72,1). Die Transatlantiker mit ihrer chinafeindlichen und USA-freundlichen Politik, das steht zu befürchten, werden nunmehr gewiss dafür sorgen, dass sich dies mit Fracking-Gas und Waffenimporten aus den USA ändern wird.

Am 12. Juli 2919 veröffentlichte die Bundeswehr auf ihrer Internetseite (*https://www.bundeswehr.de/de/organisation/sanitaetsdienst/aktuelles-im-sanitaetsdienst/combined-aid-2019-deutsch-chinesisches-teamwork--147044*) folgende reich illustrierte Reportage: »Vom 3. bis 17. Juli 2019 übten im niederbayrischen Feldkirchen bei Straubing die

Sanitätsdienste der Bundeswehr und der Chinesischen Volksbefreiungsarmee. Nach 2016 trainierten deutsche und chinesische Sanitätssoldatinnen und Sanitätssoldaten bereits zum zweiten Mal miteinander in der Übungsserie *Combined Aid.* Die Übung *Combined Aid* ist einzigartig in der militärischen Zusammenarbeit der beiden Staaten und schafft die Voraussetzungen, um in einem gemeinsamen UN-Einsatzszenario sanitätsdienstlich interagieren zu können. Dieses Jahr sind ein Massenanfall von Verwundeten und eine Cholera-Epidemie das Szenario bei der Übung in Feldkirchen. Gemeinsam trainiert deutsches und chinesisches Medizinpersonal Seite an Seite für den Ernstfall.

Das Ausgangsszenario: Verpackt in mehreren Schiffscontainern wird ein mobiles Rettungszentrum der Bundeswehr über die Weltmeere transportiert und innerhalb von 36 Stunden aufgebaut. Auf einer Fläche von knapp zwei Fußballfeldern steht diese modulare Sanitätseinrichtung. Sie kann je nach Einsatzzweck mit medizinischen Fachabteilungen ausgerüstet und erweitert werden. In 500 Meter Entfernung steht ein Feldkrankenhaus mit ähnlicher Ausstattung. Aber deutsch ist hier nicht die Muttersprache. Die chinesische Volksarmee hat mit einem hochmobilen Zeltsystem innerhalb von vier Stunden eine ebenbürtige Einrichtung auf knapp 50 mal 50 Metern errichtet. Insgesamt können hier bis zu 150 Patienten an einem Tag behandelt werden. Zusammen sind beide Nationen für die medizinische Versorgung bei einem humanitären Hilfseinsatz unter Mandat der Vereinten Nationen verantwortlich.«

Das lässt hoffen.

Man muss ja nicht erst auf den Katastrophenfall warten.

»Herausforderung für die Sicherheit«

Furcht ist der Gegner, der einzige Gegner.

Sunzi in: »Die Kunst des Krieges«

Im Sommer 2022 folgte ein westlicher Gipfel dem anderen. Am Fuße der Alpen trafen sich die Staatschefs der G7, in Madrid kamen die dreißig NATO-Staaten zusammen. Das alles geschah vor dem Hintergrund des Krieges in der Ukraine und der lahmenden Weltwirtschaft. Diese hatte sich noch nicht von den Folgen der dreijährigen Pandemie erholt, und es drohte bereits eine neue Corona-Welle. Weit nachhaltiger machten sich jedoch die Sanktionen bemerkbar, mit denen der Westen Russland überzogen hatte: Diese kehrten inzwischen jedoch als Bumerang zurück. Das selbst verfügte Embargo von Erdgas- und Öl-Importen zum Beispiel traf nachhaltig die deutsche Energiebasis, und Minister empfahlen den Bürgern, entweder kürzer oder lauer zu duschen, ein Ex-Bundespräsident meinte allen Ernstes, dass man für »die Freiheit« ruhig einmal frieren könne. Russland fiel als Rohstofflieferant und arbeitsteiliger Partner für die westeuropäische Industrie völlig aus. Und damit das boykottierte Land seine Auslandsverbindlichkeiten nicht tilgen konnte, verbannte man es vom internationalen Finanzmarkt und boykottierte den Export von russischem Gold, um anschließend den Russen vorzuwerfen, sie würden ihre Schulden nicht bezahlen (was sie seit 1917 immer und zu jeder Zeit getan hatten).

Doch entgegen der westlichen Propaganda, die eine globale Isolierung von Putins Reich halluzinierte, war dem keineswegs so. Die Russische Föderation gehörte nicht nur zu den BRICS-Staaten und machte weiter Geschäfte mit China, Indien, Südafrika und Brasilien sowie dem Rest der Welt. Es bekundeten im Vorfeld des nächsten BRICS-Gipfels im September 2022 jetzt sogar weitere sogenannte Schwellenländer Interesse, diesem alternativen Wirtschafts-Zusammenschluss beizutreten: Iran, Argentinien … Das heißt: Der Ekel vor Russland war keineswegs global – er beschränkte sich auf die westlichen Industriestaaten und deren Anhang.

Die aber waren nicht die Welt. Sie sind nicht einmal deren Nabel. Auch wenn sie als die »Goldene Milliarde« bezeichnet werden: Es ist nur ein Bruchteil der Weltbevölkerung.

Kanzler Scholz drohte stellvertretend für seine G7-Kollegen pauschal allen Staaten, die gegen Russland verhängten internationalen Sanktionen »nicht zu unterlaufen«. Und an die Adresse Chinas richtete er den Vorwurf, man werde die »intransparenten und marktverzerrenden Interventionen« in der Weltwirtschaft nicht hinnehmen.

Mit anderen Worten: Der vermeintliche Siegeszug des Westens, über den jubelnd dessen Medien täglich berichten, ist bei näherer Betrachtung keiner. Die Wirtschaft der Führungsmacht lahmt und schwächelt und die ihrer engsten Verbündeten auch.

Die Hauptschuldigen für die Misere sind ausgemacht, ebenso die Felder, auf denen man sich künftig zu engagieren gedenkt. »Mit einem 600 Milliarden Dollar umfassenden Investitionsprogramm wollen die Staaten der G7 dem wachsenden Einfluss Chinas in Entwicklungsländern entgegentreten«, berichtete die *Berliner Zeitung* am

26. Juni. Und am Tag darauf informierte die *Tagesschau*, dass die NATO die Zahl der schnellen Eingreifkräfte von etwa 40 000 auf mehr als 300 000 erhöhen wolle. Am Vorabend des NATO-Gipfels hatte man erfolgreich den Widerstand der Türkei gegen die Aufnahme Finnlands und Schwedens (»die Stärkung der NATO-Nordflanke«) ausgeräumt.

Der eigentliche Grund für die Zusammenkunft war allerdings eine neue strategische Orientierung der Militärallianz. »Die aktuelle Strategie stammt aus dem Jahr 2010. Damals galt Russland noch als möglicher Partner, von China war noch keine Rede. Heute ist die Sicherheitslage eine vollkommen andere«, meldete die *Tagesschau* am 28. Juni 2022 aus Madrid.

Und in der Tat: Der Kampf für die Durchsetzung einer neuen, von den USA diktierten Weltordnung war in eine neue Phase eingetreten. »Die NATO hat inzwischen das Russland-Kapitel komplett umgeschrieben«, hieß es in der *Tagesschau*. »China gilt als Herausforderung für die Sicherheit, Interessen und Werte der NATO.«

Aber offenkundig beugten sich Washingtons Vasallen nicht allen Forderungen ihrer Führungsmacht. »Die USA wollten eigentlich einen schärferen Ton gegenüber Peking, dagegen hatte unter anderem Deutschland auf eine ausgewogene Formulierung gepocht.« *(Tagesschau)*

Möglicherweise war das ein Nachhall, wenngleich auch nur ein ganz schwacher, jener Position, die Rolf Mützenich – heute Fraktionschef der Regierungspartei SPD – 2008 in Peking beim Deutsch-Chinesischen Sicherheitsdialog formuliert hatte. China »ist eine aufsteigende Weltmacht und zugleich Nuklearmacht, ständiges Mitglied im UN-Sicherheitsrat und bereits heute die verlängerte Werkbank der Weltwirtschaft. Es wird morgen oder spätestens übermorgen eine der größten und dominierenden Volkswirtschaften der Welt sein.«

Mützenich ging damals von der grundsätzlich richtigen Prämisse aus: »Mit dem Aufstieg Chinas zur globalen Weltmacht des 21. Jahrhunderts wird sich die Welt grundsätzlich ändern.«

Er irrte allerdings in einem wesentlichen Punkt. »Die neue Welt wird eine multipolare sein.« Nein, danach sieht es aktuell nicht aus. Und die Wahrscheinlichkeit, dass sie in absehbarer Zeit entstünde, ist auch gering.

Nach dem Ende der Bipolarität – mit dem Ende der Sowjetunion war der eine Pol verschwunden – hoffte der Sozialdemokrat Mützenich, und vermutlich viele andere Menschen mit ihm, dass die Kalte-Kriegs-Konfrontation aus den internationalen Beziehungen verschwinden und mehrere Kraftzentren entstehen würden. An welche er dabei dachte und welche Erwartungen damit verbunden waren, sagte er auch: »Für eine friedliche Gestaltung der internationalen Beziehungen wird es meiner Meinung nach jedoch entscheidend sein, dass sich die letzte Supermacht USA, die neue Weltmacht China und die moderne Weltmacht EU auf eine kooperative Gestaltung einer Weltordnung werden verständigen können.«

Nun, die »moderne Weltmacht EU« blieb ein Traum, denn sie kettete sich in Nibelungentreue an die USA und machte sich von Washington abhängiger denn je. Eine Emanzipation der Europäischen Union von den Vereinigten Staaten erfolgte nicht, womit die EU zunehmend bedeutungsloser wurde: wirtschaftlich wie politisch. Sie scheiterte auch daran, den Frieden auf dem Kontinent zu bewahren.

Die Amerikaner verspürten nie den Wunsch »auf eine kooperative Gestaltung einer Weltordnung«. Sie wollten und wollen »America First« – eine Weltordnung nach ihrem Willen und ihren Vorstellungen. Und sie vermochten 2014 sichtbar, den Keil in den alten Kontinent zu treiben. »Fuck the EU«, sagte die Vizeaußenministerin Nuland, und Washington besorgte den *Regime Change* in Kiew mit all den schrecklichen Konsequenzen bis heute. Am Krieg in der Ukraine haben alle Beteiligten Schuld – es ist wie vor hundert Jahren: Nicht nur ein Staat drängte 1914 zum Krieg, sondern mehrere imperialistische Länder wollten die Welt neu unter sich aufteilen. Diesmal aber waren die USA am aktivsten, sie trieben die gefährliche Entwicklung voran, weil sie am meisten von diesem Konflikt profitierten.

Als erstes war der Begriff *Multipolarität* aus dem politischen Wortschatz des Westens gestrichen worden. An seine Stelle setzte man *Multinationalität*. Das ist natürlich etwas anderes, nämlich: »militärische Multinationalität, also die institutionalisierte Zusammenarbeit von Streitkräften unterschiedlicher Nationen unterhalb der Ebene der Sicherheits- und Verteidigungspolitik«. Das sei nichts Neues, meinte Ina Kraft in der *Militärgeschichtlichen Zeitschrift* 81/1–2022. Die habe sich bereits in den vierziger Jahren zwischen Amerikanern und Briten entwickelt. Daraus wäre dann á la longue die »integrierte Kommandostruktur der NATO« geworden.

Diese hatte sich nach 1990 so wenig erledigt, wie der Kalte Krieg und die Bipolarität zu Ende gegangen waren. Man nennt sie heute eben nicht mehr so. Multinational verschleiert den fortbestehenden konfrontativen Ansatz und den Führungsanspruch der »letzten Supermacht«.

Mützenich hoffte 2008 in Peking: »Eine moderne Weltmacht muss, um in der Zukunft bestehen zu können, mehr sein als es die bisherigen historischen Welt- und

Supermächte waren. Militärische Macht spielt eine zunehmend geringere Bedeutung. Die Weltmächte der Zukunft brauchen andere Fähigkeiten.«

Diese »anderen Fähigkeiten« haben sie nicht in Ansätzen entwickelt. Egon Krenz, ehemaliger Staats- und Parteichef in der DDR, erklärte in einem Gespräch mit der *Neuen Zürcher Zeitung* am 27. Juni 2022, warum das so ist: »Jeder Staat hat Interessen, und je mächtiger ein Staat ist, desto größer sind auch seine Interessen. Zudem haben sie das Bedürfnis, anderen Staaten vorzuschreiben, wie sie in guter Nachbarschaft mit ihnen leben sollten. Sie missionieren. Das taten die früheren Kolonialmächte so, das machen die Amerikaner bis heute.«

Die Chinesen kennen diesen in der europäischen Kultur wurzelnden Missionierungseifer nicht. Sie haben weder ihr gesellschaftliches Zusammenleben zum Modell für die Welt erklärt, noch möchten sie, dass andere Staaten ihre gesellschaftlichen Vorstellungen exportieren. Deshalb mischen sich die Chinesen nicht in die inneren Angelegenheiten anderer Staaten ein, wie sie es auch ablehnen, dass andere es bei ihnen tun. Mit Vehemenz und mit allem Recht weisen sie jeden Versuch zurück, ihnen Vorschriften zu machen. »Länder brauchen keine gängelnden Lektoren«, erklärte Xi Jinping in einem Videogespräch mit der UN-Menschenrechtskommissarin Bachelet im Mai 2022. Und die *Frankfurter Allgemeine Zeitung* gab in ihrer Ausgabe vom 28. Mai auch die Kritik des Staats- und Parteichefs der Volksrepublik wieder, dass der Westen, obgleich er doch immer den angeblich universellen Charakter der Menschenrechte betonte, dabei mit »zweierlei Maß« messe. Man setze sie in der politischen Auseinandersetzung als Waffe ein und ignoriere die »unterschiedlichen nationalen Bedingungen, Historien,

Junge Chinesinnen in traditioneller Tracht in Peking. Weil Sonntag ist. Und weil es zu ihrer Geschichte und Kultur gehört.

Kulturen, sozialen Systeme und Ebenen wirtschaftlicher und sozialer Entwicklung«.

Kaum ein anderes Volk und dessen Identität sind so eng mit der Geschichte des Landes verbunden wie das chinesische. »Ohne sich mit der Geschichte und Geistesgeschichte Chinas und deren Kontinuität im gegenwärtigen Denken und Handeln zu befassen, wird man politische und gesellschaftliche Prozesse kaum verstehen«, schreiben Thomas Heberer und Armin Müller in der im März 2020 von der Friedrich-Ebert-Stiftung verbreiteten Studie »Entwicklungsstaat China. Politik, Wirtschaft, sozialer Zusammenhalt und Ideologie.« Der Hinweis, China habe eine kommunistische Regierung und daher kenne man schon die Antwort auf alle wichtigen Fragen,

Kleiner Chinese auf dem großen Platz des Himmlischen Friedens

beurteile China und seine Entwicklung »ausschließlich aus westlicher Perspektive«.

In dieses Raster falle auch die Beurteilung der chinesischen Verteidigungsanstrengungen. China bedroht niemanden, aber sieht sich erklärtermaßen einer wachsenden Bedrohung ausgesetzt. Die Bipolarität des Kalten Krieges ist zurück, weil die Klassenauseinandersetzung nie endete. Der Kampf Imperialismus versus Kommunismus, so hatte die übriggebliebene Seite gehofft, habe sich dadurch erledigt, weil »der Kommunismus« mit der Sowjetunion untergegangen ist. Das war ein Irrtum. Lediglich die Antipoden wechselten – der eine Pol befindet sich jetzt in Peking. Lakonisch schrieb am 22. Februar 2018 die *Neue Zürcher Zeitung*: »Die Würfel sind gefallen – die Konturen einer neuen Weltordnung schälen sich immer deutlicher heraus aus der Unübersichtlichkeit der

Jahre nach dem Kalten Krieg. Die neue Ordnung ist wieder bipolar: China steht gegen Amerika.« Die Prognose einer »multipolaren« Ordnung habe sich nicht erfüllt. »In immer mehr Bereichen bewegt sich China in Richtung Augenhöhe mit Amerika und Europa, von künstlicher Intelligenz bis hin zur Luftwaffe.«

Der Autor gibt sich zuversichtlich, dass das »ökonomisch weitaus vitalere, militärisch erheblich kraftvollere« Amerika obsiegen werde, weil es »über den entscheidenden Trumpf im globalen Machtspiel« verfüge: »Alliierte und Freunde weltweit«.

Selbst der transatlantische Autor zweifelt an dieser vermeintlich ewigen Gewissheit. »Doch auch hier sind die Verhältnisse in Bewegung geraten, die Zukunft hat sich wieder ein Stück weit geöffnet.«

»Viele seiner Argumente wird man in den nächsten Jahren benötigen, um die Welt besser verstehen zu können.«

Dr. Michael Geiger, RotFuchs 01. 06. 21

Uwe Behrens
Feindbild China
Was wir alles nicht über die Volksrepublik wissen

224 Seiten, brosch.
15,00 €
ISBN 978-3-360-01896-0

E-Book 9,99 €
ISBN 978-3-360-51050-1

China ist heute die zweitstärkste Volkswirtschaft der Welt, nach den USA. In Ökonomie und Ökologie marschiert das Land voran, und auch im Kampf gegen Corona zeigt es sich erfolgreicher als die westlichen Staaten. Der offensichtliche Fortschritt beunruhigt die Konkurrenz, daher ignoriert oder denunziert man ihn lieber. Objektive Berichte und Urteile hierzulande sind rar. Uwe Behrens redet nicht als Europäer über das wachsende Land im Osten, sondern als ein Beobachter, der es von innen kennt.

Uwe Behrens gibt einen fantastischen Einblick in die Routen und die Organisation der Neuen Seidenstraße.

(Neues Deutschland 13. 03. 21)

Uwe Behrens
Der Umbau der Welt
Wohin führt die
Neue Seidenstraße?

256 Seiten, brosch.
18,00 €
ISBN 978-3-360-02804-4

E-Book 14,99 €
ISBN 978-3-360-51051-8

Die Chinesen nennen es Yidai Yilu – »Ein Gürtel, eine Straße«, woraus im Englischen »Belt and Road Initiative« wurde. Die Deutschen erinnern sich an Marco Polo und sprechen von der Neuen Seidenstraße. An dem 2013 von Peking angeschobenen Infrastrukturprojekt beteiligen sich inzwischen mehr als sechzig Staaten auf drei Kontinenten. Uwe Behrens stellt kenntnisreich diese einzigartige Initiative vor, bei der es nicht einfach nur um internationale Handelswege geht, sondern um die wirtschaftliche und soziale Entwicklung der angrenzenden Territorien.

Bildnachweis:
Robert Allertz S. 49, 66, 72, 76 (2x), 78, 79, 81, 85, 110, 128, 145 (2x), 154, 161, 187, 188
Archiv Jürgen Heiducoff S. 21, 23, 25, 31, 40, 41, 44, 51, 53, 150, 165
Archiv edition ost S. 9, 13, 46, 54, 57, 63, 68, 71, 82, 88, 90, 93, 94, 96, 101, 102, 104, 112, 115, 116, 119, 120, 124, 125, 126, 134, 137, 138, 139, 142, 148, 149, 153, 155, 156, 162, 167, 170, 175
Bundeswehr/Dirk Bannert S. 177 (2)
Bundeswehr/Markus Dittrich 178

Das Neue Berlin –
eine Marke der Eulenspiegel Verlagsgruppe Buchverlage

ISBN 978-3-360-01379-8

1. Auflage 2022
© Eulenspiegel Verlagsgruppe Buchverlage GmbH, Berlin

Umschlaggestaltung: Buchgut, Berlin, unter Verwendung eines Motivs von © picture alliance / AP Photo | Andy Wong
Druck und Bindung: buchdruckerei.de, Berlin

www.eulenspiegel.com